ANDY NEUMANN

ES WAR DOCH NUR REGEN!?

ANDY NEUMANN macht sich keine Sorgen an diesem Abend. Niemand hat gewarnt, und er ist davon überzeugt, dass Warnungen erfolgt wären, wenn ernste Gefahr drohen würde. Ein folgenschwerer Irrtum, den er mit Stunden der Ungewissheit und der Angst bezahlt. Für eine Evakuierung ist es längst zu spät, als das Erdgeschoss seines Hauses vollläuft, bis nur noch fünf Stufen übrigbleiben, die das Wasser vom Obergeschoss und von seiner Familie trennen. Es bleibt nur Warten und Hoffen.

Als der Wasserstand endlich fällt, beginnt Neumann zu schreiben, als Selbsttherapie zunächst. Über die folgenden Wochen hinweg verfasst er so sein ganz persönliches »Protokoll einer Katastrophe«. Ehrlich, eindrücklich und mit der Fähigkeit, den Leser, bei all dem geschilderten Chaos und der Ernsthaftigkeit der Situation, auch hin und wieder zum Lachen zu bringen.

Andy Neumann wurde 1975 in Neuwied geboren. Er begann 1995 seine Ausbildung zum Kommissar beim Bundeskriminalamt und war anschließend neun Jahre lang als Ermittler im Terrorismusbereich tätig. Von 2008 bis 2010 absolvierte er das Masterstudium an der Deutschen Hochschule der Polizei in Münster. Der Terrorismusbekämpfung und dem BKA blieb er weiterhin treu. In seiner Freizeit ist er leidenschaftlicher Musiker. Im April 2020 erschien zudem sein erstes Buch, der Thriller »Zehn«, im Gmeiner-Verlag. Neumann lebt mit seiner Familie im Ahrtal und wird dies auch weiterhin tun.

ANDY NEUMANN

ES WAR DOCH NUR REGEN!?

Protokoll einer Katastrophe

Immer informiert

Spannung pur – mit unserem Newsletter informieren wir Sie
regelmäßig über Wissenswertes aus unserer Bücherwelt.

Gefällt mir!

Facebook: @Gmeiner.Verlag
Instagram: @gmeinerverlag
Twitter: @GmeinerVerlag

Besuchen Sie uns im Internet:
www.gmeiner-verlag.de

© 2021 – Gmeiner-Verlag GmbH
Im Ehnried 5, 88605 Meßkirch
Telefon 0 75 75 / 20 95 - 0
info@gmeiner-verlag.de
Alle Rechte vorbehalten
9. Auflage 2022

Lektorat: Claudia Senghaas, Kirchardt
Herstellung: Julia Franze
Umschlaggestaltung: U.O.R.G. Lutz Eberle, Stuttgart
unter Verwendung eines Fotos von: © Heinz Grates
Druck: GGP Media GmbH, Pößneck
Printed in Germany
ISBN 978-3-8392-2946-0

VORWORT

Liebe Leserin, lieber Leser,

mein erstes Buch habe ich drei Jahre lang geschrieben. Dieses hier entstand in nicht einmal sieben Wochen. Den härtesten meines ganzen Lebens. Seien Sie also nachsichtig, wenn nicht alles perfekt ist. Wir wollten schnell sein, der Verlag und ich. In der Hoffnung, mit den Erlösen des Buches dem Tal zu helfen, das meiner Familie und mir zum Zuhause geworden ist. Und das, nach einer Jahrhundertkatastrophe, die wirklich alles veränderte, noch immer jede Hilfe und jeden Cent gebrauchen kann.

Wenn Sie das Buch also zu Ende gelesen haben und es Ihnen gefällt: Empfehlen Sie es gern weiter. Wenn Sie nach dem Lesen Lust verspüren, das Ahrtal noch auf andere Weise zu unterstützen, dann tun Sie bitte auch das. Spenden Sie, helfen Sie, sprechen Sie über und werben Sie für uns.

Und wenn es so weit ist, wenn man hier wieder voller Stolz und Freude Gäste empfangen kann: Dann würde ich mich freuen, wenn Sie zu den Menschen gehören, die uns besuchen, sich wie selbstverständlich in das Tal verlieben und, wer weiß, als künftige »Stammgäste« mit dafür sorgen, dass alle, denen die Kraft bleibt weiterzumachen, ganz schnell spüren, dass es sich gelohnt hat.

So oder so: Ich danke Ihnen!

MITTWOCH, 14.07.2021

Die Welt ist in Ordnung, es regnet. Lange. Das nervt. Aber es ist doch nur Regen?

Ein wenig verärgert sitze ich in unserem Esszimmer und blicke sehnsüchtig auf die Terrasse, die ich mit meinem Bruder Marco über Ostern gebaut habe. 40 Quadratmeter Erholungsgebiet, nach drei Jahren, in denen wir uns mit Split beholfen hatten. Anthrazitfarben gestrichenes Holz, Entspannungsmöbel wie diese wunderbare Wippliege, die unsere Kinder bisher häufiger als Spielplatz verwendet haben als wir zum darauf Liegen, erste Vorhänge, die meine Frau mit ihrem untrüglichen Gespür für das richtige Detail angebracht hat; Urlaubsfeeling pur.

Eigentlich. Es regnet ja. Immer noch.

Irgendwann, es muss um die Abendessenszeit herum sein, ruft mich einer meiner Leute an, um mir zu sagen, dass das Amt, für das ich arbeite, gerade dabei ist abzusaufen. 17 Kilometer von uns entfernt, und es ist am Ende ja »nur« die Tiefgarage und ein Teil des Kellers. Ob ich reinkommen soll, frage ich. Mein Kollege, der alles im Griff hat, verneint. Er sagt mir, was bereits geschehen, wer informiert ist, wie es weiter geht. Was man eben so tut, wenn man in Krisenkommunikation ein Profi ist. Ich rufe an, wen ich anzurufen habe, entspanne mich und weiß: Ich muss nicht noch mal raus, arbeiten.

Also das übliche Prozedere: die Kinder mit bettfertig machen, vorlesen, sie ins Bett bringen, dann ist *Suits*-Zeit.

Zu erwähnen ist allerdings, dass während dieser abendlichen Routine weder mein Telefon stillsteht noch das meiner Frau. Meines, weil ich noch die eine oder andere Meldung erhalte (Tenor: alles gut), ihres, weil sich Freundinnen und Bekannte melden, die nervös werden. Wegen des Regens. Wegen der Ortschaften, aus denen man Bilder und Videos sieht. Weinfässer, Baumstämme, Wohnwagen, die durch reißende Fluten strömen wie Papierbötchen.

»Entspann dich«, das sage ich sicher mehr als einmal an diesem Abend zu meiner Frau.

»Wenn ich nicht nervös bin, muss das keiner um uns rum sein«, vielleicht auch so etwas in der Art. Im Brustton der Überzeugung, mit einem Ausdruck, der keinen Widerspruch kennt, weil man weiß, man kann eigentlich nur verlieren. Die Art zu sprechen, die man bekommt, wenn man sich mit etwas wirklich auskennt. Und meine Profession ist es nun mal zu wissen, dass, wenn der Bevölkerung Gefahr droht, die notwendigen Hebel in Bewegung gesetzt werden, um die Bevölkerung zu warnen. Das weiß ich gut, und ich weiß es nicht nur, ich bin, wie man so schön sagt, »part of the game«, einer, der die Hebel selbst ein gutes Stück in Bewegung setzt. Wer würde so jemandem widersprechen, wenn er sagt: »Entspann dich!«? Meine Frau an diesem Abend jedenfalls nicht.

Als sie mit ihrer Freundin drei Häuser weiter telefoniert, die sich am späten Abend noch um Sandsäcke bemühen will, sage ich, dass wir in unserer Gegend alles, aber keine Sandsäcke brauchen. Wir haben schließlich keinen Keller.

»Die Sandsäcke lasst mal bitte für die, die an der Ahr wohnen, die können sie ganz sicher eher brauchen. Wir sind wie weit, 200 Meter weg? 300? Weit genug jedenfalls.« Wieder: Brustton der Überzeugung, Widerspruch zwecklos.

Gegen 20.15 Uhr, ich telefoniere gerade, bin aber nicht mehr sicher, mit wem, fährt die Feuerwehr am Haus vorbei. Was sie über Lautsprecher durchsagen, weiß ich nicht, aber meine Frau nimmt das Video auf, da sie es am nächsten Morgen unserem Sohn zeigen will.

»Der wird ausflippen, die Feuerwehr direkt an unserem Haus mit Durchsage, und er schläft schon!« Fröhliche Stimmung im Hause Neumann. 20.15 Uhr!

Die Durchsage, die in diesen Minuten erfolgt, habe ich dank des Videos im Wortlaut, auch wenn eingangs etwas fehlt. Sie lautet:

»… Ahr ist die Hochwassergefahr sehr hoch. Innerhalb der nächsten 24 Stunden ist mit Überflutungen, Stromausfall und Verkehrsbehinderungen zu rechnen. Halten Sie sich möglichst nicht in Kellern, Tiefgaragen und tieferliegendem Gelände auf. Sichern Sie flussnahe Gebäude und entfernen Sie Ihre Pkws aus dem Gefahrenbereich. Informieren Sie sich über die Medien und behalten Sie das Wetter und das Abflusssystem im Auge. Achten Sie unbedingt auf Ihre eigene Sicherheit und auf die Anweisungen der lokalen Einsatzkräfte.«

Ich muss es verdeutlichen, damit Sie, liebe Leser, das einsortieren können: Ich bin Bundesbeamter, tagaus, tagein mit Gefahrensituationen, Großschadenslagen und der Vorbereitung darauf beschäftigt. Was ich, auch heute noch, aus dieser Durchsage heraushöre, ist: »Hohe Hochwassergefahr. Eventuell Stromausfall. Nicht in den Keller gehen (den ich nicht habe). Flussnahe Gebäude sichern (das ich nicht habe). Pkw aus dem Gefahrenbereich entfernen (in dem ich offenbar nicht bin, siehe voriger Satz). Auf meine Sicherheit achten (tue ich immer), Anweisungen lokaler Einsatzkräfte beachten (die ja gerade an unserem Haus vorbeifahren).

Was ich – ebenfalls auch heute noch – *nicht* heraushören kann, ist: »Sie *befinden sich* in einer Gefahrenzone, es ist *hier* mit Überflutungen zu rechnen, die *nicht* nur Keller oder Tiefgaragen betreffen werden. *Bringen Sie sich sofort in Sicherheit*!« Aber wer weiß, vielleicht liegt das an mir.

Fest steht, ich bleibe entspannt. Wir haben vor gut drei Jahren gebaut, ein massives Haus, Stein auf Stein. Kein Keller, KfW 55 (das wird leider noch wichtig), ein Haus wie ein Berg. Hier kommt kein Wasser rein, Ende!

Die Kinder schlafen. Wir versuchen es noch mit der Serie, aber die Telefonate werden übermächtig, es hilft alles nichts. Die schöne Abendruhe ist dahin.

21.49 Uhr

Meine Frau schickt mir ein Video. Schwimmende Autos, Weinfässer. Gott, der arme Winzer, dem die gehören, denke ich nur. Was für eine Verschwendung, der beste Wein der Welt, schnöde davongetrieben. Der Mann, der das Video aufnahm, sagt plötzlich »Das ist ja der ganze Sermann! Sch…« Das Weingut kenne ich. Doppelt schade, denke ich. Unfassbar, dass die Ahr so hoch ansteigen kann.

Ich bleibe trotz alldem, Sie ahnen es: entspannt.

Ich kann beim besten Willen nicht mehr sagen, was in den beiden Stunden danach passiert, aber ich danke heute allen gütigen Mächten für zwei Dinge: dass wir nicht schlafen gingen und dass ich mich wenige Stunden zuvor nicht entschieden hatte, ins Büro zu fahren. Wie ich heute weiß, wäre es schwierig bis unmöglich geworden, wieder nach Hause zu kommen. Noch während ich das jetzt aufschreibe, steigen Tränen in meine Augen, mein Magen wird flau, und ich möchte zugleich vor Glück aufschreien.

Ich bin zu Hause.

Gott sei Dank.

23.58 Uhr

Das einzige Video, das ich in dieser Nacht fertige, zeigt Autos, die sich mühsam über unsere Straße voranschieben, keine Verkehrsregel mehr gelten lassen. Das Wasser ist da. Wie immer es das geschafft hat, es ist da. Die Nachbarn stehen auf der Straße, wirken nervös oder gelassen oder vielleicht beides, einige sitzen selbst in diesen Autos, aber für mich, für uns beide, ist sofort vollkommen klar: Auf keinen Fall wecken wir die Kinder, setzen sie jetzt in eines der Autos und versuchen wegzukommen. Lebensmüde waren wir noch nie, und dort draußen spielt man *Russisches Roulette*, wenn man sich ins Auto setzt.

Im Nachhinein fällt mir ein, dass unser Freund Marc, »der Winzer«, uns schon vor diesem Zeitpunkt am Telefon anbot, uns herauszuholen. Mit seinem Land Rover, wahlweise mit dem Unimog, wenn es nicht mehr ginge. Verbieten wir ihm. Wer seine eigenen Freunde in ein Risiko schickt, zu dem er selbst nicht bereit ist, hat einen an der Waffel. Er versucht es trotzdem, wie wir später erfahren. Ich liebe ihn, aber er hat, jedenfalls an diesem Abend, auch einen an der Waffel!

Ich weiß nicht mehr, ob der Strom zu dieser Zeit bereits abgeschaltet ist, aber falls nicht, dauert es ab hier nur noch Minuten.

Was folgt, ist der Kampf. Der Kampf gegen das Wasser, der Kampf gegen das Unvermeidliche, aber, was mich angeht, vor allem: der Kampf um die Gelassenheit. Den ich schmählich verliere. Doch der Reihe nach:

Ich gehe nach dem Video kurz nach draußen, um die Lage zu sondieren. Wasser links vom Haus, unterhalb der Fensterkante. Wasser rechts vom Haus, wenige Zentimeter. Okay, das sieht ganz gut aus. Wir haben keinen Keller, das wird schon halten. Denkt man so.

Ich gehe nach oben, teile meiner Frau den Stand mit, wir fällen die Entscheidung zu bleiben. Und warten. Viel zu kurz.

Bis das Wasser eindringt.

Erst auf der Südseite durch die bodentiefen Terrassentüren.

»Abdichten«, ruft es in mir, ich suche nach Handtüchern, Bettwäsche, was eben greifbar ist. Bitte meine Frau, mir mehr zu bringen, als es auch durch die Haustür kommt, also Nordseite. Drücke alles an Fenster und Tür, was geht. Versuche es dann nur noch an der Haustür. Spüre Druck auf der Tür. Mehr Druck. Zu viel Druck. »Wenn das Ding jetzt aufkracht, sitzt du hier falsch«-Druck. Ich habe verloren. Wir haben verloren.

»Den Kampf verlieren wir«, rufe ich, ob nun zu meiner Frau oder zu mir selbst, wer weiß das schon. Doch es ist offensichtlich. Das Haus wird nicht standhalten. Das Wasser wird kommen, sehr schnell.

In der Zeit, die folgt, lerne ich sehr viel darüber, warum man sich nie für vollkommen angstfrei halten sollte. Warum man nie denken sollte, man kriegt alles im Leben hin, weil das bisher auch der Fall war. Ich lerne, dass es Situationen gibt, in denen man, wenn man Pech hat, nichts, aber auch gar nichts im Kopf hat, was Sinn macht.

Was nehmen Sie mit, wenn Sie wissen, dass Sie Ihr Erdgeschoss verlassen müssen? Ihren Schlüsselbund? Ihr Portemonnaie? Ihren Dienstausweis? All diese Dinge? All diese Dinge, werden Sie sagen. Klar. Ist wie bei Jauch, wir bewegen uns etwa bei der 200 Euro-Frage. Dann kommt der Esel, der sein Portemonnaie liegen lässt. Der bin ich. Warum? Ich kann es nicht sagen. Aber es ist so, ich halte es offenbar nicht für wichtig.

Viel mehr Zeit bleibt dann auch nicht. Einmal im Haus, steigt das Wasser und steigt. Wir wissen, wir müssen ins Obergeschoss und wir werden dortbleiben müssen.

»Wasser«, die Idee stammt von meiner Frau. Also fix zwei Wasserkisten hochgeschleppt. »Irgendwas zu essen, Süßigkeiten für die Kinder«. Also Süßigkeiten mitgenommen (extrem weise, natürlich auch die Idee meiner Frau).

Die Bücher, zuckt es in mir. Vor dem Bücherregal stehend, denke ich: Na, so hoch wird's wohl nicht steigen. Lege ein paar Leckerbissen auf das Regal, das höher ist als ich. Dann sehe ich die Fotoalben. Jahrelang liebevoll zusammengestellt von meiner Frau, Hochzeit, Kinder, alles. Ich tue, immerhin in diesem Moment, das einzig Sinnvolle: Ich nehme alle, die ich tragen kann, und bringe sie auf den Speicher.

Das Einzige, was ich danach noch holen kann, ist die Taschenlampe, die wir in der Küche immer griffbereit haben. Eine zweite, die meine Frau mir gab, ist bereits ins Wasser gefallen. Ehrlich, man hätte eine Cartoonfigur nach mir benennen können, wenn es irgendwie komisch gewesen wäre.

Dann sind wir oben. Und das Wasser steigt.

Ich kann zeitlich nichts einordnen, was sich zwischen

o Uhr und etwa 2 Uhr abspielt, aber irgendwann steht meine Tochter in ihrer Zimmertür. Wie immer, wenn sie nachts wach wird, will sie zu uns ins Schlafzimmer. Sie reibt sich die Augen, wirkt ein wenig verwirrt.

Und Freunde, man muss es in aller Deutlichkeit sagen: Wenn es Männer gibt, die in einer solchen Situation nur im Ansatz so stark sind, wie Frauen es sind (jedenfalls meine), dann seid stolz auf euch. Ich bin es nicht.

Ich werde den Ton nie vergessen, in dem meine Frau unsere Tochter anspricht: sanft, liebevoll, beruhigend. Wie immer also.

Genau! Wie! Immer!

Ich schwitze, bin irgendwie fahrig geworden, mein Magen ist flau wie noch was, und ich denke nur: Sch… sie ist wach, hier stinkts nach Öl, alles Lärm, das wird sie fertig machen. Und meine Frau bringt es fertig, kurze Zeit später schon wieder aus dem Schlafzimmer zu kommen, in dem beide Kinder jetzt friedlich schlummern.

Sie müssen das nicht verstehen, aber wenn ich an diese Situation denke, muss ich schon wieder weinen. Was für eine unglaubliche Kraft, was für ein ungeheurer Segen.

Und so geht es dann weiter: Ich versuche, mich irgendwie am Riemen zu reißen, meine Gedanken zu ordnen, zu überlegen, was zu tun ist. Meine Frau wechselt vom Schlafzimmer in den Flur und versucht, einen dauerhustenden Sohn und eine Tochter am Schlafen zu halten und gleichzeitig ihrem Mann dabei zu helfen, die Situation zu ordnen. Und es gelingt. Beides.

Das Wasser steigt, man kann es an unseren Treppenstufen ablesen. Weißer Naturstein gegen braunes Brackwasser, keine schwere Aufgabe. Beim Anblick der Treppe auch die Sicht ins Erdgeschoss. Die Geräusche, der Gestank, die Bilder, alles zutiefst unwirklich, scheußlich, tief ins Mark hinein, sich festbeißend. Fenster krachen ein, irgendwas hämmert von draußen gegen die Südwand (Autos. Es waren, wie sich später herausstellt, insgesamt fünf), ein Mann schreit um Hilfe und wird das bis in den Morgen hinein tun. Möbel treiben durch die Bracke, Bücher, Kinderspielzeug, all die Bilder meiner Schwiegermutter, teils extra für mich gemalt. Eindrücke, die all meine Sinne so intensiv belegen, dass sie mich nie wieder ganz loslassen werden.

Es gelingt mir, den Verlust auch der zweiten Taschenlampe (Cartoonfigur, Sie erinnern sich? McSupertrottel!) immerhin dadurch zu kompensieren, dass ich die Taufkerzen meiner Kinder vom Speicher hole, die notfalls viele Nächte brennen würden. Völlig surreal, wenn man bedenkt, dass ich das Aufheben solcher Erinnerungsstücke eher belächelt habe.

Wir haben also Licht, trinkbares Wasser, etwas Nahrung, und, das Wichtigste: Wir haben uns! Wir sind zusammen, und, auch wenn es vielleicht so klingt, als sei ich ein totales Wrack, allein das hält mich soweit aufrecht, dass ich weitermache. Und niemals aufgehört hätte, alles zu tun, damit dieses »uns« so bleibt.

Dennoch, das Wasser steigt. Und jetzt *bin* ich nicht mehr nur nervös, ich *weiß* es auch. Ich frage mich, ob ich panisch bin, und verneine es vehement, auch wenn alle körperlichen Anzeichen eine andere Sprache sprechen. Aber Panik haben und der Panik verfallen, das sind zwei Paar Schuhe, und Letzteres habe ich so vermieden. Vorerst.

Bis mir nichts mehr einfällt, außer, die Feuerwehr anzu-

rufen. Es sind noch fünf Stufen bis zum Obergeschoss.
Das Wasser steigt.

An dieser Stelle sei mir der kurze Exkurs erlaubt: Es gab im Nachgang der Katastrophe Menschen in gehobener Position, die unter anderem mit der Behauptung antraten, die Kommunikation sei nicht mehr möglich gewesen. Das ist nicht nur vollkommener Blödsinn, sondern zeigt auch, dass manche Menschen offenbar noch denken, sie könnten alle um sich herum verschaukeln, wenn ihnen die Lüge schon aus dem Gesicht schreit.

Ich rufe also die Feuerwehr an. Ich schätze den Anruf auf etwa 1.30 bis 2 Uhr ein. Mir ist klar, ich werde schwer durchkommen. Mir ist klar, dort hat man extrem viel zu tun. Doch ich brauche Gewissheit, was die Lage angeht. Fünf Stufen noch und zwei kleine Kinder friedlich in ihren Betten. Müssen wir auf den Speicher, also die Kinder wecken, und dort ausharren? Wird es noch schlimmer werden? Oder haben wir den Zenit schon überschritten?

Ich komme durch.

Name. Adresse. Wesentliche Fakten: Erstens, ich bin Polizist, sprechen Sie ruhig Klartext. Zweitens, ich habe meine Frau und zwei Kinder hier, zwei und fünf Jahre alt. Das Wasser braucht noch fünf Stufen bis zum Obergeschoss, Dachgeschoss vorhanden. Ich brauche nur zwei Informationen: Wird das Wasser noch weiter steigen, und gibt es für den worst case überhaupt noch Evakuierungsmöglichkeiten?

Klartext ist ja schön, meistens. Aber ich hätte ihn mir in diesem Telefonat gern geschenkt. Ich fasse auch die Antwort kurz. Der Feuerwehrmann hat das übrigens hervorragend gemacht, ich wollte es ja so:

Den Prognosen nach soll das Wasser eher noch steigen. Wenn es nur noch drei Stufen sind, sollen wir ins Dachgeschoss. Wenn auch das nicht reicht, muss ich das Dach aufbekommen und raus. Evakuierung: Fehlanzeige. Mehr kann er mir an Hilfe zur Selbsthilfe leider nicht mitgeben.

Das sage ich anschließend meiner Frau.

Äußerlich, wie ich glaube, eher ruhig.

Innerlich bin ich fast zerbrochen.

Der Geist ist nicht immer, wie wir ihn uns wünschen, und so sehr wir auch meinen, ihn lenken zu können, am Ende macht er mit uns, was er will. So auch meiner.

Ich bin nicht mehr panisch. Ich habe Angst. Todesangst. Nicht einmal groß um mich selbst. Aber um meine Familie. Aufs Dach? Wirklich? So hoch? Und was dann? Keine Hubschrauber, keine Rettung, nur wir selbst. Ich könnte es versuchen, klar. Könnte schwimmen, mich am Walnussbaum festhalten, an was auch immer, da wird sich schon was bieten. Aber mit zwei Kindern im Arm? Oder auch nur einem, wissend, dass meine Frau es dann mit dem anderen allein versuchen muss?

Vielleicht dreht nicht jeder Mann durch bei diesem Gedankenbild, vielleicht bin ich viel weicher, als ich es mir eingestehen würde, vielleicht ist das, was nun folgt, vollkommen irrational. Mag alles sein. Aber es ist, wie es ist, ich habe, für eine, zwei, fünf Minuten Angst, dass wir sterben. Oder, schlimmer, dass meine Familie, auch nur einer von ihnen, stirbt. Und ich überlebe. Niemals wieder in meinem Leben möchte ich auch nur eine Sekunde lang ein solches Gefühl haben!

Doch es vergeht. Mehr noch: Ich beginne, wieder zu funktionieren.

Meine Frau tut das Ihre, sie wirkt nach wie vor weit gefasster, als ich es bin.

Ich gehe ins Treppenhaus.

Das Wasser kratzt an der vierten Stufe.

Ich sehe aus dem Fenster im Kinderzimmer unseres Sohnes.

Der Himmel ist doch klar?

Fenster auf. Das Tosen ist ohrenbetäubend. Dachte man vorher schon. Aber das hier ist anders. Das ist eine Flut. Ein reißender, alles verschlingender Strom. Und unser Haus mittendrin. Egal, Augen nach oben.

Ja, der Himmel *ist* klar!

Kein Regen mehr. Die ganzen Bachläufe die Ahr entlang mussten sich doch schon vor Stunden entladen haben? Theoretisch, aber nur theoretisch kann die Ahr dann doch nicht weiter steigen? Was man so denkt, wenn man überhaupt keine Ahnung davon hat, wie sich Wasser verhält.

Also weiter denken. Hoffnung aus irgendetwas ziehen. Hier stirbt niemand, damit das mal klar ist. Doch, genauso tickt es in mir. Und das ist gut so. Ich gewinne Kraft, und damit bekomme ich meine Sicherheit zurück. Mehr braucht es nicht. Und jetzt: Informationen. Informationen, verdammt, wo kriege ich Informationen her, auf die ich mich verlassen kann?

Heiko!

Einer meine besten Freunde, Patenonkel unseres Sohnes, und kraft Funktion jemand, der wirklich alles wissen würde, was es jetzt zu wissen gibt. Ich rufe ihn an. Es muss gegen 3 Uhr sein. Die erlösende Info: Der Deutsche Wetterdienst sagt, der Regen ist definitiv vorbei. Das Wasser kann, wenn, dann nur noch minimal steigen, sollte aber eigentlich schnell anfangen zu fallen.

Wohl dem, der die richtigen Freunde hat, denke ich mir. Nicht zum ersten Mal in meinem Leben, vor allem aber nicht zum letzten Mal seit dieser Nacht.

Ich gehe zu meiner Frau ins Schlafzimmer, teile ihr so leise wie möglich (Wie kann es sein, dass sie die Kinder am Schlafen hält? Das gibt's doch gar nicht!) mit, dass wir ziemlich sicher aus dem Gröbsten raus sind, und lege mich ins Kinderzimmer, um jede Stunde den Pegelstand zu kontrollieren. Stelle mir den Wecker. Will schlafen. Will, dass meine Frau schläft. Wie dumm man sein kann, oder?

Ich spüre, ich bin durch. Wieder handlungsfähig, mit klarem Verstand und guter Dinge. Aber durch. Vollständig. Etwas arbeitet in mir. Muss raus. Ich nehme das Pad. Öffne meinen *Facebook*-Account. Den öffentlichen. Und schreibe.

Und damit beginnt es. Mein ganz persönliches Protokoll einer Katastrophe.

circa 4 Uhr

Liebe Facebook-Freunde,

unser Haus wurde heute Nacht, im absoluten Wortsinn, geflutet. Und ich, ein erwachsener Mann, Polizist, voller Selbstvertrauen, der sich nicht daran erinnern kann, seit seiner späten Jugend je etwas wie Angst gefühlt zu haben; ich hatte eine Scheißangst!

Um meine Kinder, um meine Frau, und ja, sogar um mich selbst.

Da wir es nicht raus geschafft haben, saßen wir im ersten Obergeschoss unseres Hauses fest, sahen unsere Autos davonschwimmen, andere Autos gegen unser Haus krachen, hörten Terrassentüren aufbrechen, sahen das Klavier untergehen, die wunderbaren Gemälde meiner Schwiegermutter im Brei schwimmen, vieles, das uns lieb war, vielleicht für immer verlorengehen.

Und das Wasser stieg und stieg, bis es nur noch fünf Stufen waren, die es vom ersten Obergeschoss getrennt haben.

Meine unfassbar tapfere Frau hat mit mir gemeinsam alles, was noch zu retten war und irgendwie wichtig schien, ins Dachgeschoss getragen. Und dann konnte man nur noch warten.
    Diese Ohnmacht, dieses »gar nichts tun können«, das ist, jedenfalls für jemanden wie mich, der sich immer damit brüstet, in jeder Lage eine Lösung und einen extrem kühlen Kopf zu haben, einfach nur entsetzlich.

Die Kinder haben, bis jetzt, zum Glück alles verschlafen, welche Gnade auch immer ihnen das vergönnt hat. Der Schock dürfte groß genug sein morgen früh. Ob sie ihre Welt dann noch verstehen werden, weiß ich nicht.

Der Schaden wird sicher immens, und uns geht es noch gut, denn wir sind unverletzt, wissen, wo wir unterkommen, und sind sehr gut versichert.

Vor uns liegen dennoch schwere Monate.
Hinter uns liegt eine Gefahr, die ich hier, in diesem Aus-
maß, niemals für möglich gehalten hätte.

Und ob das nun eine direkte Auswirkung des Klimawan-
dels ist oder nicht, ich will euch nur um eines bitten:
Lassen wir es nicht drauf ankommen!!

Darf gern geteilt werden.

Das wurde es. Immerhin bald 300mal, Stand heute.
Zahlreiche Nachrichten waren die Folge, Anrufe, Voice-
mails, Freunde, Bekannte, alte Schulkameraden, auch
Vertreter der Medien meldeten sich bereits am Morgen.
Ich hatte das einkalkuliert, denn ich wollte in dieser
Nacht zwei Dinge: erstens sofort damit anfangen, mich
selbst zu heilen, und das, was diese Nacht mit einem
hätte machen können, so schnell es geht zu bekämp-
fen. Zweitens meine Botschaft loswerden. Eine Bot-
schaft, die, wie hätte es anders sein können, in der
Zeit nach dieser Nacht genauso schnell überall behan-
delt wie sie im üblichen Muster abgehandelt wurde.
Die Botschaft besteht aus den beiden letzten Sätzen.
Und auch wenn ich müde bin, denn ich weiß, die eine
Seite bekehrt man mit nichts, die andere Seite ver-
steht, aber tut nichts oder zu wenig – mir ist diese
Botschaft wichtig.
Lassen wir es nicht drauf ankommen!
Tun Sie alle etwas, im Großen, im Kleinen, ganz egal.
Aber tun Sie etwas. Nehmen Sie nicht nur hin. Ver-

trösten Sie sich nicht damit, dass es Sie nichts mehr angeht. Sondern tun Sie etwas. Reißen Sie das Pflaster ab und parken künftig auf Rasen, bauen Sie eine Fotovoltaikanlage, essen Sie gescheites Fleisch, das mehr kostet als Euro 3,50 im Kilopack, reuen Sie sich über Bienen und tun etwas für sie, begrünen Sie die Garage, mir egal. Aber es ist doch kein Argument, dass das alles rein gar nichts mit dem Klimawandel zu tun haben muss, dass wir als Deutschland ja sowieso nur zwei Prozent und überhaupt, sollen doch die Kinder den Mist ausbaden, die schwänzen schließlich so gerne. Sorry, Leute, so leicht ist es nicht.

Aber genug davon. Botschaften werden nicht zwingend besser, wenn man mehr Wörter auf sie verwendet. Meine Einstellung kennen Sie jetzt.

Der Tag beginnt mit einer Überraschung. Zarte Kinderstimmchen, munter und fröhlich wie immer, aus dem Schlafzimmer. Ich will rüber, aber nicht, ohne vorher einen Blick in den Garten zu werfen. Es ist der fleischgewordene Albtraum. Die Ahr ist immer noch in unserem Garten. Mit ihr fünf Autos. Was fehlt, ist der Garten. Und zwar alles darin. Einzig die Terrasse hat überlebt, an einem Stück (mein Bruder, Stolz der Handwerkerschaft!). Allein, sie schwimmt etwa anderthalb Meter unterhalb des Kinderzimmerfensters. Man muss so etwas erlebt haben, um nachzuvollziehen, wie es sich anfühlt. Reine Beschreibungen bleiben unzureichend. In mir regt sich jedenfalls sofort der Gedanke: »Das hier ist wie Krieg«. Doch dann will ich zu meiner Familie. Ich gehe ins Schlafzimmer.

Und erlebe: Freude, Neugierde, Abenteuerlust.

Ich sage es einmal, und ich sage es auch gerne wieder: Was für eine Frau!

Für unsere Kinder hat die Situation also nichts Bedrohliches, nichts, was sie traumatisieren oder auch nur beunruhigen würde; sondern ein Abenteuer! Eines wie die, die sie ständig mit ihrer Mami erleben, die sie gewohnt sind und die, bei aller Herausforderung, am Ende immer gut ausgehen.

»Papa, wir haben das Meer am Haus«, an diesen Satz erinnere ich mich, ohne wirklich zu wissen, ob er genauso gefallen ist oder nicht. Aber er verdeutlicht gut, wie die Kids diesen Morgen beginnen. Was für ein Wunder das ist, angesichts des Chaos und der Zerstörung, die um uns herum alles dominieren.

Dass Onkel Winzer uns mit dem Unimog rausholt, wissen sie auch schon. Freude pur! Unser Sohn weint an diesem Tag das erste Mal, als er erfährt, dass es doch nicht der Unimog sein wird.

Meine Frau will nicht, dass die Kinder zu viel von draußen sehen, ich glaube, sie würde ihnen am liebsten die Augen verbinden. Und wer weiß, vielleicht hätte sie, wie in so vielen Dingen, auch damit recht. Ich kann und will aber nicht verhindern, dass sie ihre Neugierde befriedigen, und lasse sie an die Fenster, um sich anzusehen, was um uns herum vorgeht. Der immer noch reißende Strom, die Autos im Garten, die Terrasse so nah an uns, dass man hätte draufsteigen können, die Zäune weg, die Pflanzen weg oder umgerissen ... die Aufzählung wäre endlos.

Für die Kinder aber ist das alles, und ich weiß, ich wiederhole mich, nicht bedrohlich. Sie lassen sich erklären, was passiert ist, stellen ein paar Fragen, und verhalten sich anschließend, unterstützt durch die geretteten Süßigkeiten, als wäre es ein ganz normaler Tag.

Und es dauert immerhin noch Stunden, bis der Pegelstand so niedrig wird, dass »Onkel Winzer« uns holen kann. Allerdings nicht bei uns am Haus, sondern etwa einen Kilometer weiter weg, ab dort gibt es kein Weiterkommen für ihn. Wer sich fragt, wieso, hat noch nie vier Autos gesehen, die übereinander geschoben eine ganze Straße blockieren. Die Vernichtung unserer Heimat ist grenzenlos. Und doch nimmt man sie, in diesen ersten Stunden unter gnädigem Schock, nicht im Ansatz so wahr, wie das in den folgenden Tagen der Fall sein wird.

Meine Frau ist an diesem Morgen die Erste, die nach unten geht. Sie will unter anderem ihre Handtasche suchen und mein Portemonnaie. Beides wäre wichtig. Beides findet sie nicht. Aber die Bestandsaufnahme ist dennoch nicht schlecht. Ich habe meinen Dienstausweis noch, die Reisepässe und alle wichtigen Unterlagen waren immer im OG, wir haben die Schlüssel für Haus und Autos (letztere nutzlos, aber wer erkennt das jetzt schon?), alles andere wird sich fügen.

Irgendwann höre ich etwas in der Art von »Das gibt's doch jetzt nicht, oder?«, und rufe nach unten, was los ist. Wie sich herausstellt, hat von allem, was in dieser Nacht zerstört wurde (also faktisch allem!), ausgerechnet das riesige Glas überlebt, aus dem ich Wein trinke, wenn ich im Weingut Musik mache. Der Winzer hat es mir zum 40. geschenkt, mit einer Botschaft darauf, die ich nicht zitiere, denn sie braucht Kontext. Aber es ist ein Glas! Ein Glas!! Massive Holzmöbel sind kaputt, dreifachverglaste Fenster, Türrahmen, der riesige Kühlschrank, das Klavier, einfach alles ist Schrott. Und ein Glas, so groß wie eine Wassermelone, liegt heil in der Sutsche! Wunder Nummer zwei, wenn auch kleiner und viel weniger bedeutend als das Erste.

Wir packen unsere Koffer und Taschen, jedenfalls soweit das möglich ist, denn schließlich werden wir die Kinder noch tragen müssen, und verlassen das Haus. Ohne Gummistiefel, denn selbst wenn wir welche hätten, wären sie, wie all unsere Schuhe und die Schuhe der Kinder, unter 30 Zentimeter Schlamm begraben oder einfach weg. Ich selbst trage die Haferlschuhe, die ich, zusammen mit der Tracht aus unserer Zeit in München, im Ankleidezimmer aufbewahre. Meine letzten, meine einzigen Schuhe sind Oktoberfestlatschen.

Bayern wäre stolz auf mich; aber brauchen kann man die Dinger leider nicht, wenn man sich durch die Brühe kämpft.

Mit den Kindern auf Armen oder Schultern und der Menge Gepäck, die irgendwie zu tragen ist, machen wir uns also auf den Weg in die Altstadt von Ahrweiler, wo der Winzer wartet. Spätestens am Friedhof sollen die Kinder dann wirklich die Augen zumachen, aber was hätten solche Kommandos je geholfen, wenn Kinder neugierig sind? Mein Gott, diese Verwüstung. Ich könnte noch so sehr versuchen, Ihnen vor Augen zu führen, wie es aussieht, wie es riecht, sich anfühlt; es bliebe unzulänglich. Man will heulen, aber dazu ist man viel zu müde. Dann, am Ahrtor, das vertraute Gesicht. Der Winzer kommt uns entgegen. Wir gehen die letzte Strecke bis zum Marktplatz, wo sein Auto steht, und auch hier nichts als das blanke Chaos. Unsere Pfarrerin Elke mit ihrem Mann, wie sie in seinem Laden stehen und versuchen, sich das Ausmaß der Katastrophe bewusst zu machen. Ich sage ihr zum Abschied, dass gerade Menschen wie sie in der kommenden Zeit sehr wichtig für das Tal sein würden. Immerhin damit hatte ich recht.

Wir fahren ins Weingut und beziehen das Ferienhaus, das der Winzer uns spontan zur Verfügung stellt. Ich weiß, die Versicherung wird es bezahlen, und mache mir um dieses Thema keine Sorgen. Wir sind in Sicherheit. Wir haben uns, uns ist nichts passiert, und alles andere sind doch nur Dinge.

Unabhängig von allem, was noch folgte, von den Höhen und Tiefen, durch die wir gingen, den Strapazen und Sorgen, die mich wohl ein paar Lebensjahre kosten werden, war das doch ein Gedanke, der mich nie ganz losließ und der mir, seit diesem erlösenden

Telefonat in der Nacht, ein Trost war: Uns ging und geht es, gemessen an unzähligen Menschen um uns herum, am Ende wirklich gut.

Ich verabschiede mich, als ich meine Liebsten warm, trocken und satt weiß, zeitig zurück ins Haus. Begleitet von Mario, Speedy und Jörg, die sofort alles stehen- und liegenlassen, um mir zu helfen. Was wir denken, dass wir es tun werden:

»Nur schnell Handtasche und Portemonnaie suchen, dann raus (ein running gag, der uns noch heute alle zum Lachen bringt)«.

Was wir tatsächlich tun? Das große Schlammschippen!

Wir graben uns vorwärts, schaffen erst einmal alles an großem Hausrat nach draußen, so gut es geht, um überhaupt an den Schlamm ranzukommen, und beginnen, wieder einmal dem Winzer sei Dank, abends schon damit, sämtliche »freien« Wände mit dem Wassertank des Unimog abzuspritzen. Warum das wichtig ist? Fragen Sie all die Menschen, die noch Wochen später mit Schimmel kämpften, weil sie solche Möglichkeiten nicht hatten.

Bis zum späten Abend haben wir schon unglaublich viel geschafft, der Vorgarten sieht aus wie Hund, wir sind matt, aber guter Dinge (trotz des ausgebliebenden Fahndungserfolgs nach Handtasche und Portemonnaie). Für mich ist klar, dass ich mit all der Unterstützung, die nicht weniger heftig auf uns einstürzt als die Flut in der Nacht zuvor, keine Angst haben muss. Wir werden das hinbekommen.

Im späteren Abendverlauf poste ich dann folgendes:

Freunde, ganz lieben Dank für den Zuspruch heute, das hat, sofern denn mal Zeit war, Kraft gegeben.

Das Bild hier ist, falls das nicht klar wird, ein Symbol für Hoffnung. Bei allem, was zerstört ist, seien es Türen, Fenster, Regale, Klaviere oder Fernseher, überleben doch oft die kleinen Dinge, an denen wir uns aber so sehr erfreuen, dass für einen Moment die Welt wieder licht wird.

Ich liebe dieses Glas, es steht für mich und ist ein Teil von mir.

Aktuell trinke ich einen ziemlich guten Tropfen daraus und denke, bei all dem Chaos und Leid um mich herum:

Nein, Schicksal, mich kriegst du nicht klein!

Prost, ihr Lieben.

Ich weiß nicht mehr, welcher Tropfen es war, aber ich schätze, der Winzer hat sich nicht lumpen lassen, und er war, weiß Gott, verdient nach der Schufterei. Dass dieses Glas überlebt hat, ist für mich immer noch unbegreiflich. Und ich freue mich schon auf das erste Konzert, das ich wieder spielen werde, und den ersten Schluck auf der Bühne, der mich wieder weiter in Richtung Normalität treiben wird.

Meine Frau hatte den gesamten Tag darauf verwendet – neben der wichtigsten aller Aufgaben, unsere Kinder stabil und mir damit den Rücken frei zu halten! – unzählige Telefonate zu führen. Mit der Familie, die kommen und helfen wollte und die ab Freitag auch schon Gewehr bei Fuß stand. Mit Freundinnen und Freunden, die Anteil nahmen und Hilfe jeglicher Art anboten. Und mit Handwerkern, die, wie wir wussten, unglaublich wichtig sein würden. Wer schon mal gebaut hat, weiß, dass da nichts schnell genug gehen kann.

Die Anrufe meiner Frau hatten auch gleich mal das dritte und vierte Wunder bewirkt.

Dazu später mehr.

FREITAG, 16.07.2021

Der Freitag startet, nach viel zu wenig Schlaf, mit einem kurzen Frühstück, ein bisschen Zeit mit den Kindern und Absprachen zum weiteren Vorgehen.

Da ich es gestern vergessen habe, muss es heute sein, eh schon viel zu spät: Die Versicherungen anrufen.

Ich starte bei der Autoversicherung, deren Namen ich mir verkneifen werde, denn sie kommt nicht gut weg. Ich erhalte eine Schadensnummer, für beide Fahrzeuge, den Skoda meiner Frau und den alten Dacia, der auf mich gemeldet ist und seit gestern Morgen im Wortsinn tot überm Zaun hängt, dem des Nachbarn nämlich. Der Skoda ist weg. Wo auch immer, jedenfalls nicht in unserer Straße. Und die ist lang.

Beide Fahrzeuge haben eine Teilkasko, 150 Euro Selbstbeteiligung, das geht ja. Alles gute Nachrichten. Dann die, wie sich herausstellen wird, hanebüchen falsche, aber in diesem Moment positive Botschaft: Es kann bis zu *einer* Woche dauern, bis sich ein Regulierer meldet. Nun gut, bis dahin muss es irgendwie gehen. Ein neues Auto wäre trotzdem schön. Besser zwei.

Dann die Gebäudeversicherung (gleiches Spiel wie oben, keine Namen!). Und der Schock! Die Telefonate im Februar, als wir die brandneue Fotovoltaik versicherten und bei der Gelegenheit ein »Rundum-Sorglos-Paket« einforderten, waren wohl ein Stück weit für die Katz. Denn das damalige Angebot enthielt zwar im

Wohngebäudebereich wirklich alles inklusive Glasbruchs. Doch in der Hausrat hatte man (wie gesagt, wir wollten »Rundum sorglos«) den Elementarbaustein geflissentlich ignoriert. Meine Freude ist in diesem Moment grenzenlos. Egal, denke ich, kümmere ich mich später drum, andere Sorgen jetzt.

Das Gespräch dauert an, ich bekomme die Schadensnummer, und dann die ernsthafte Aufforderung:

»Denken Sie daran, dass Sie den Hausrat einzeln fotografieren!«

(Lesen Sie das noch mal, bitte. Man muss das wirken lassen.)

Mal unabhängig davon, dass das Zeug dank der Sensationsleistung meiner Beraterin ja nicht mal versichert ist. Aber von 30 Zentimeter Schlamm bedeckte Gegenstände *einzeln* sortieren?

»Notfalls legen Sie alles in eine Reihe und fotografieren mehrere Dinge auf einmal.«

Wir sind am Limit, will ich schreien. Haben Sie eine Ahnung, wie es hier aussieht? Haben Sie noch alle Latten am Zaun? Hat man Ihnen ins …

Ich reiße mich zusammen, natürlich. Weise freundlich auf den Zustand von Haus und Innenleben hin und frage sie, wie ich das ihrer Meinung nach anstellen solle. Wir einigen uns darauf, dass ich alle großen Gegenstände fotografiere und ansonsten sehe, was geht.

Wichtiger ist: Ich darf und *soll* auch ausräumen und alles tun, was den Schaden minimiert. Was das genau ist, weiß man in diesem Moment natürlich nicht, man ist ja kein Bausachverständiger. Aber zum Glück kenne ich genug

Leute, die so was wissen. Erst mal gilt auf jeden Fall: weiter ausräumen, bis die Bude leer ist, und alles abwaschen. Kein bisschen von der Brühe soll im Haus bleiben. Parallel, darum bitte ich meine Frau inbrünstig, so schnell es geht dafür sorgen, dass wir nicht nur an Bautrockner kommen, sondern auch an eine Firma, die professionell Wasserschäden beseitigt. Alles andere wird machbar oder wurde sogar schon gestern beauftragt, aber Trocknungsprofis zu kriegen, das wird sportlich. Ob ich darüber nachdenke, auf den Regulierer der Versicherung zu warten, bevor ich Aufträge verteile?

Nein. Ich bin doch nicht irre!

Ich telefoniere mit unserer Onlinebank, bei der ich die Karten sperren und neue bestellen möchte. Auch hier ein Spoiler: Geht nicht zu Onlinebanken. Wirklich, lasst es! Es ist die Lebenszeit nicht wert, die solche Lagen dann kosten.

Ich rufe einen Mann an, der mir Container bringen soll. Pustekuchen, Vitamin B zum Trotz.

Ich rufe Firmen an, Freunde, diesen und jenen, der mir irgendetwas angeboten hat, was hilfreich sein könnte. Ich versuche, alles zu sortieren, einen klaren Kopf zu behalten, all dem auch irgendwie gerecht zu werden. Bis ich nicht mehr kann, denn es gibt noch genug zu tun.

Also ziehen wir los, auch heute vier Mann hoch: Alex, Marc, Speedy und ich. Wir schuften, wir schaufeln, die Schubkarren voller Schlamm bleiben ungezählt, das Gebiet vor dem Haus bis zur Straßenkante gleicht den schlimmsten Gegenden, die ich damals auf meiner Indienrundreise gesehen habe.

Wir werden nicht müde, es ist immer noch alles zu voll, den Flur schaffen wir, und komm, jetzt haben wir schon angefangen, das Wohnzimmer geht auch noch. Wie, die Küche erst morgen? Nix! Also auch noch die Küche. Und überall die Bücher. Ich liebe Bücher, ich lese sie auch gern, wir haben – korrigiere, hatten – vermutlich so zwischen 200 und 300 davon im Wohnzimmer. Ich finde mein eigenes Buch, die für meine Frau signierte Version aus dem allerersten Paket, das ich damals vom Verlag geschickt bekam. Freue mich, kurz. Aber das Problem mit den Büchern ist: Lassen Sie mal *Krieg und Frieden* oder ähnliche Schinken eine Stunde im Wasser liegen und versuchen Sie, das Ergebnis mit einer Schaufel abzufischen. Addieren Sie totale Erschöpfung, multiplizieren Sie mit dem Schlammfaktor, dann wissen Sie, warum ich jetzt beinahe einen Hass auf die Dinger entwickle.

Doch wir haben Spaß, trotz allem! Wir erfinden das »Porsche-Selfie«, denn auch wenn es mir um den seltenen Porsche meines Nachbarn leidtut, der ebenfalls »tot überm Zaun hängt«, er bietet die perfekte Kulisse, um sich schmutzverkrustet abzulichten und eine legendäre Erinnerung mitzunehmen.

Wir lachen über die Ansage der Versicherung, überbieten uns beim Versuch, das beste Hausrat-Einzelfoto anzubieten. Wir feiern immer noch den gestrigen Tag und das naive »Nur kurz Handtasche und Portemonnaie suchen, dann raus«. Wir tun das einzig Richtige, glaube ich. Wir lassen uns nicht unterkriegen.

Und dann, irgendwann, schaue ich mich um, sehe den leeren Flur, das leere Wohnzimmer, die leere Küche und denke mir: Wahnsinn! Der Winzer kommt mit dem Unimog, 1.000 Liter-Tank drauf, wir spritzen abwechselnd die Wände frei, weil's einfach Spaß macht, und verlassen, fröhlich feixend, weil der Winzer ausgerechnet mit einem weißen Hemd aufgetaucht war, das Haus. Ein Hemd. Weiß! Was haben wir gelacht.

Natürlich ist es spät, als wir ins Weingut zurückkommen. Meine Schwiegereltern sind da, auch meine Schwägerin und ihre Tochter. Ich sehe meine Frau ganz kurz, die Kinder sind unruhig im Bett. Wir trinken alle ein Gläschen Wein, Freunde, Familie, wen man sich nur wünschen kann, wenn man sprichwörtlich knietief in der Sch… steckt. Ich habe gefühlt 4.000 Fotos gemacht, um so nah es geht an »alles einzeln« heranzukommen, ich nehme die zahlreichen Hilfsangebote zur Kenntnis, die weiter und weiter auf mich einprasseln, und halte mich für einen unglaublich glücklichen Mann.

Das Haus ist zwar noch nicht leer, aber Vorratsraum, Gästezimmer und Treppenbereich klingen nicht mehr allzu bedrohlich.

An einem Abend wie diesem, umgeben von Menschen wie diesen, muss einem die Zeit für lange Texte fehlen. Ich poste dennoch. Ein Bild des leeren und sauberen Wohnzimmers, die Fliesen schimmern feucht. Der Text ist kurz, aber er ist wichtig.

Kein Geld der Welt könnte die Menschen bezahlen, die ich »Freunde« nennen darf.
Ich liebe euch, Männer! ♡
Dem ist nichts hinzuzufügen.

SAMSTAG, 17.07.2021

Die beiden Wunder, die ich bereits angedeutet habe, ereilen mich. Meine Frau, tatkräftig unterstützt von ihrer Freundin Petra, hat zwei Dinge erreicht:

Erstens, wir haben die Rufnummer von zwei Trocknungsfirmen, die auf meinen Anruf warten. Genial! Ich rufe die Firma an, die mir nicht nur vom Namen her sympathischer ist, *Bradley Schadenmanagement* aus Meerbusch. Meerbusch, wie geil ist das denn? Mein Killer aus *Zehn* wohnt in Meerbusch. Das kann kein Zufall sein! Ich rufe an, die Mailbox reagiert, eine süße Kinderstimme erzählt mir, dass Papa Urlaub hat und aktuell nur der Familie gehört. Okay, auch ohne Meerbusch ist klar: Das ist mein Mann! Weise Wahl, so viel darf ich spoilern.

Zweitens: Marvin, unser Heizungsmann aus dem Westerwald, bereitet nicht nur das Angebot für die benötigten Teile und Installationsarbeiten schnellstmöglich vor. Nein, er hat meine Frau gestern auch gefragt, ob wir Hilfe brauchen können. Ja, sagte sie ihm. »Gut, wir kommen.«

Und wie die kommen!

Zwölf, ich wiederhole, zwölf Mann hoch, zwei Minibagger im Gepäck und einen Lkw (!), stehen sie plötzlich vor dem Haus, und ich denke, ich bin im Film! Die Szene, wo sie alle auf den Tisch steigen, »Oh Captain, mein Captain«. Nur, dass die Jungs der Captain sind, und ich bin alle Schüler der *Welton Academy* auf einmal. Leider ist der Tisch kaputt. Traum zerplatzt.

Zusammen mit Don, Marc, Ulf, Speedy, meiner Schwägerin Thorid und ihrem Mann Martin ist das quasi eine Armee, später verstärkt von Christian, der nachkommt, und meinen Schwiegereltern, die ebenfalls tun wollen, was in ihren Kräften steht. Und so wüten wir auch, mit militärischem Eifer. Stets flankiert vom Winzer und dem hilfreichsten aller Unimogs.

Wir schaufeln, wir schleppen, wir karren, wir bilden Eimerketten, kurzum, wir tun, was wir müssen, damit dieser riesige Berg aus kaputten Möbeln, Hausrat und Schlamm irgendwie verschwindet. Wir futtern die belegten Brötchen, die Volki morgens vorbeibringt (da muss erst eine Flut kommen, damit wir uns endlich mal wiedersehen, bei 25 Kilometern Luftlinie!). Wir beladen den Lkw, suchen uns irgendwo einen Platz, wo wir ihn entladen können (tatsächlich nur auf gut Glück, es gibt keine Anweisungen, keine Kommunikation, keine Anlaufstelle, nur »Hilf Dir selbst«), machen weiter. Feiern den Typen, der mit seinem Abschleppfahrzeug vorbeikommt (drei Tonnen Gewicht auf gefühlt zwei mal zwei Meter Fahrzeug) und sich spontan entscheidet, dass unser Garten jetzt dran ist. Schaffen, mit seinem Fahrzeug und den Minibaggern, immerhin drei der fünf Fahrzeuge aus dem Garten. Am T5 mit Automatik allerdings beißt sich das Seil die Zähne aus (»Das reißt, Alter, hör auf, das reißt!« »Aaaaach, das reißt nicht, Unfug!« »In Deckung, Leute, der ist irre!«). Doch Improvisation ist alles, wen können schon gerissene Seile aufhalten, wo ein Wille ist? Auch der T5 gibt irgendwann auf, und der Garten ist autofrei. Mit Ausnahme des Porsche, der bleibt schön stehen.

Mir fällt auf, dass ich den Nachbarn innerhalb der letzten zwei Tage viel nähergekommen bin als in den drei Jahren davor. Alle haben das gleiche Schicksal, man versucht, sich gegenseitig zu helfen, überhaupt teilt man sich ja quasi das Grundstück, alle Zäune und Grenzen sind weg. Und ich habe wirklich Glück mit meinen Nachbarn. An dem Tag vor allem mit Christoph, weil wir feststellen, dass es hilfreich ist, einen Lkw und Minibagger zu haben, aber noch besser, wenn ein Radlader das fehlende Glied bildet. Und den hat Christoph morgen. Ich sehe den Berg schon schwinden.

Wir sortieren den Hausrat und stellen fest, dass beim allerbesten Willen nur ein Minimum zu retten ist. Darunter aber ein paar Schätze, die unbezahlbar sind, wie die Lieblingstasse meiner Frau oder eine *Paw Patrol*-Figur der Kinder, die ich Onkel Winzer als Geschenk mitgebe, der sich den Ruhm abgreifen darf und natürlich damit der Held ist. Ich kämpfe gegen meine Schwägerin um die beiden Stühle mit den Löwentatzen, die der Uropa meiner Frau geschreinert hat, und verliere. Ich will sie nämlich auf den Haufen werfen, sie will, dass ich sie saubermache. Spoiler: Ich habe recht, aber es ist trotzdem schön, sie Monate später auf der Terrasse zu sehen, kaputt wie sie sind.

Wir machen unsere Porsche-Selfies, essen die mitgebrachten Fleischwurstringe aus dem Westerwald (fast so gut wie die von Born in Steimel, aber nur fast!), sondieren, was vom Garten übrig ist, bewundern, was mein Schwiegervater aus eben diesen Resten noch rausgeholt bekommt (Wochen später wird sich zeigen, dass gerade dieser frühe Einsatz pures Gold wert ist!), wir schippen, schleppen und beladen weiter den Lkw. Nur die Küchenzeile steht noch, weil der Teil meines Gehirns, der Naivität heißt, sagt, dass sich die erst der Gutachter ansehen muss. Was für ein Quatsch, oder? Ja, haben alle anderen auch gesagt. Nun gut, morgen ist auch noch ein Tag.

Todmüde, fix und alle, aber immer noch frohen Mutes fahren wir ins Weingut. Die Jungs laden die Bagger auf und wollen heim in den Westerwald, versprechen aber, morgen noch mal zu kommen, um den Rest abzuräumen, um dann gleich auf eine neue Baustelle weiterzufahren. Wahnsinn, denke ich, was für Helden!

Abends dann das für mich schon jetzt obligatorisch gewordene *Facebook*-Posting. Viele lesen mit, ich bekomme tolle Reaktionen, und ich merke vor allem: Es bringt mir was! Ich kann und will mit niemandem reden, noch nicht, jetzt nicht, und was soll ich die Leute vollheulen, die doch ihre Kraft einsetzen wollen, um anzupacken, und nicht, um meine Seelentröster zu spielen? Meine Frau und ich wissen beide, dass es uns nicht so gut geht, wie es den Anschein hat, klar. Aber zuerst zählen mal die Kinder, wir sind die Erwachsenen, wir werden irgendwie klarkommen. Denken wir zumindest.

Foto des Tages heute.
 Es ist einfach nur unglaublich!
 Neben meinen wunderbaren Freunden – heute unter anderen Don Capone, Christian, Marc, Ulf und mein lieber Schwager Martin samt seiner unermüdlichen (sic!) Frau Thorid und Tochter (deren Porsche-Selfie Legende wird) – kam diese irre Legion von Männern, die dem Ruf meiner Frau folgten und zwei Minibagger samt Lkw mitbrachten. Marcel, Daniel, Sebastian, Christian und wie ihr alle geheißen habt, ihr seid Helden. Hui Wäller allemol!!! Dankt

bitte auch Jürgen Hoffmann (Installateurfirma in Klein-
maischeid, so viel Werbung muss sein), dessen Fahrzeug ihr
habt nutzen dürfen und der einige von euch heute sicher
besser hätte brauchen können.

Volker, 25 Jahre etwa haben wir uns nicht gesehen, brachte
morgens sauleckere Brötchen, Handschuhe und einfach
das tolle Gefühl, nach so langer Zeit durch diese Situation
endlich wieder »Hi« sagen zu können.

Und Stephan, du unglaublicher Mann!! Gibst Tausende
von Euros aus (!) um täglich 'nen Kombi voller Logistik
zu bringen. Heute unter anderem ein Stromaggregat samt
Pumpe, die ich Raya bringen durfte, damit sie ihr Haus
direkt an der Ahr zumindest anfangen kann abzupum-
pen. Mögest du Tausende neue Kunden bekommen. Mein
Mann des Jahres.

Der Stephan. Wenn ich daran denke, kann ich es immer noch nicht fassen. Ich hatte ihn an diesem Tag kurz gesehen, als er mit dem vollen Auto kam und Gaben austeilte wie der Nikolaus mit Glatze. Telefoniert hatten wir vorher schon, mehr als einmal. Er fragte mich, wie er helfen kann, und ich sagte ihm, dass die Leute um mich herum Stromaggregate brauchen, und Pumpen. Ein Aggregat brauchte ich selbst auch noch. Und vielleicht Arbeitskleidung. Mehr Handschuhe wären top. Ach ja, und Müllsäcke. Ob ich ein Auto brauche, fragte er. Klar, sagte ich, meine sind weg oder hängen lustlos im Zaun. Er wollte das checken, ich könnte wahrscheinlich den Golf haben. Is klar, dachte ich mir. Nun, Stephan hielt Wort. Mit allem. Viele Menschen um mich herum, die plötzlich dringend benötigte Hilfsmittel bekamen, wissen bis heute nicht, wer der Typ war, der ihnen das Zeug hingestellt hat. Ich weiß es. Und ich hoffe, das Schicksal auch.

SONNTAG, 18.07.2021

Der Tag startet früh. Um etwa 3.45 Uhr, um genau zu sein. Ich schlafe noch immer nicht gut. Und vor allem nicht lange. Ich gehe aus dem Schlafzimmer, will meine Familie nicht wecken. Öffne das Pad. Schreibe:

Guten Morgen!
  Es ist 4 Uhr, und ich beginne zu zweifeln, dass mein normalerweise alles stoisch ertragender Schlaf so schnell wieder zurückkommen wird. Aber sei es drum, nutzen wir die Nacht!
  Die Kreishandwerkerschaft Koblenz, seit Tagen ebenfalls im Krisenmodus, hat auf der Homepage

https://www.fachhandwerk.de/handwerk-hilft.html

bereits jetzt eine Unmenge an Hilfsangeboten eingestellt. Also, alle Betroffenen, die weiterhin viel Hilfe gebrauchen können: Schaut dort mal rein!

Mein Kontakt in die Kreishandwerkerschaft ist, sagen wir einfach mal, ziemlich gut. Und nach ein paar Gesprächen mit denen, die es wissen müssen, weiß ich an diesem Tag, dass bisher noch absolut gar nichts, was laufen sollte, läuft. Dass die öffentlichen Strukturen entweder nicht vorhanden sind, oder aber, was ich schlimmer fände, nicht greifen, obwohl es sie gibt. Es wird nicht der letzte Tag sein, an dem ich das so sehe. Wichtig ist: Dieses Angebot ist da. Nach vier Tagen! Und nicht eine einzige zuständige Stelle ist erreichbar, die sich dafür interessieren könnte. Das kann man einfach so stehen lassen.

Alle anderen schlafen noch. Ich will zum Haus. Kein Auto, niemand wach, die Bahn wird für Monate nicht fahren. Also per pedes, hilft ja nix. Ich gehe los. Eigentlich guter Dinge. Schlendere über die Heerstraße, vorbei an Feuerwehr, DRK und so vielen Fahrzeugen mit Blaulicht, wie ich sie in meinen 25 Jahren als Polizist noch nie auf einem Haufen gesehen habe. Biege in die Weinbergstraße ab, die mich, Meter für Meter, der Ahr und damit auch dem Chaos näherbringt. Atme Staub ein, der sicher nicht besonders gut für mich ist. Treffe eine Gruppe Menschen, die zum Helfen gekommen sind. Sie wollen mitgehen, weil ich ihnen erzähle, dass bei mir in der Gegend jede Hand gebraucht wird. Ich sage ihnen, dass sie so weit nicht laufen müssen, sondern nur geradeaus gehen, dann kommen sie zum Weingut von Peter Lingen. Da gibt es mehr als genug zu tun. Sie bedanken sich. Wofür, denke ich mir? Ihr seid doch zum Helfen hier, ich muss euch danken! Verkehrte Welt.

Ich gehe über die Sebastianstraße. Einem Freund habe ich damals geraten, sich das Haus dort nicht zu kaufen, weil mir die Straße zu stark befahren ist. Heute Morgen: Grabesstille. Ich sehe Menschen, Anwohner, stumm, die Gesichter bleich und von der Mischung aus Trauer, Mattigkeit und grimmigem Durchhaltewillen geprägt, die auch mir entgegenschlägt, wenn ich in den Spiegel blicke.

Ich biege ab in die Schützenstraße. Sehe eine Mutter mit kleinem Kind. Es weint. Das mag einen ganz harmlosen Grund haben, aber irgendetwas in mir reißt. Ich sehe mich um, drehe mich im Kreis. Das Neubauprojekt am Kindergarten, im Schlamm. Der Parkplatz, voller Schutt. Vor allen Häusern: Berge von Müll. Bagger überall, Einsatzfahrzeuge. Nichts ist normal. Krieg kann nicht schlimmer sein. Denke ich. Und heule los. Kurz. Aber heftig. Schäme mich nicht, umarme die Tränen, begrüße es, dass etwas aus mir herausbricht, was auch heraus*muss*. Beruhige mich ein wenig. Gehe auf *Facebook* live. Sch… auf »Keine Schwäche zeigen«! Wenn es mir schon so erbärmlich geht, dann muss es doch so vielen deutlich schlechter gehen? PSNV, denke ich. Psychosoziale Notfallversorgung. Immer dabei, wenn es irgendwo Opfer gibt, das weiß ich, ist ja Teil meines Jobs. Aber bisher habe ich nur Menschen gesehen, die schippen, Schubkarren schieben, Eimerketten bedienen, kurzum, die Drecksarbeit machen. Bekommen die Leute Hilfe für ihre Seele? Ich weiß, unsere Kirchenleute machen viel. Aber das reicht nicht. Hunderte müssen her, die ganze Gegend ist ein einziges Trauma. Ich stelle die Frage online. Weiß nicht, ob das eine Schnapsidee ist. Ist sie nicht, wie ich später lerne. Glücklicherweise haben sich aber zu dieser Zeit auch schon Psychologen, Coaches, Geistliche und Menschen, die einfach nur gut zuhören können, auf den Weg gemacht. Auch hier natürlich: selbständig koordiniert. PSNV als Teil eines Einsatzabschnittes »Opferbetreuung«, wie er mir professionell vorgeschwebt hätte? Fehlanzeige.

Exkurs: »Im Rahmen der Bewältigung von Großschadensereignissen, großflächigen beziehungsweise überörtlichen Gefahrenlagen und anderen außerge-

wöhnlichen Ereignissen wird der Krisenstab der Landesregierung tätig bei ressort- und ebenenübergreifenden Koordinierungsaufgaben der Ministerien, mit dem Bund, den Bundesländern, den Nachbarstaaten und sonstigen Stellen. Ziel ist die rasche Herbeiführung effektiver Entscheidungen der verantwortlichen Stellen.«
Intranetauftritt des Innenministeriums Rheinland-Pfalz.
Für sachdienliche Hinweise dazu, ab wann und wie lange dieser Krisenstab existent war, wäre ich sehr dankbar. Hinweise bitte an den Verlag. Danke!

Ich gehe zum Haus, wieder ruhig, und bekomme ein schlechtes Gewissen. In diesem Moment wird mir, sicher auch in Nachwirkung der Situation zuvor, bewusst, wie viel Glück ich habe. Meine Familie ist gesund. Das Haus steht. Ich habe Freunde, ich habe Familie, ich bekomme viel mehr Hilfe, als manche sich erträumen könnten. Wir sind versichert, zumindest das Haus. Ich werde meinen Job nicht verlieren, weil ich ein paar Tage nicht zur Arbeit gehen kann. Ich habe keinen Keller und fange damit an, Hausrat zu sortieren, während um mich herum die Keller nicht einmal abgepumpt werden *dürfen*, selbst dort, wo man es könnte. Und, noch einmal und noch einmal und immer wieder: Meine Familie ist gesund! Ich weiß inzwischen von den Menschen, die gestorben sind, erst sind es 50, dann 70, irgendwann 100, bis die Zahl zum eigenen Schutz nur noch abstrakter wird. Viel zu unvorstellbar.

Mein Gewissen prügelt hart auf mich ein. Ich nehme mir vor, keine einzige Sekunde mehr mit Jammern zu verbringen. Werde ich nicht durchhalten. Selbst vermeintlich harmlose Schicksale sind schwer in diesem Tal. Auch das werde ich mir später noch eingestehen.

Der Westerwald kommt. Fast alle, die am Vortag schon dabei waren. Und diesmal haben sie noch ihre Frauen mit. Die, wie der aufmerksame Leser schon verfolgen konnte, in meinen Augen oft doppelt zählen. Neben Ulf, der auch heute da ist, habe ich also wieder eine Legion von Leuten, die unermüdlich die restlichen Arbeiten erledigen. Küche? Zack, raus! Spannender Fakt an der Stelle: Schwedische Küchen bauen sich nach Hochwasser noch schneller ab, als man sie aufgebaut hat. Man braucht nicht mal Stemm-werkzeug.

Patric und Pauline kommen irgendwann vorbei. Sie haben die grandiose Idee, rumzulaufen und Kinderbug-gys und Ähnliches einzusammeln. Die machen sie sauber und bringen sie zurück. Ich gebe also unseren komplett vollgeschlammten *Queridoo* ab, nenne die beiden Engel freue mich jetzt schon auf die Gesichter der Kinder.

Es wird noch mal schmerzhaft: Wir bauen die Terrasse ab. Was theoretisch nicht nötig wäre, da sie ja am Stück ist, weitgehend heil und aus Holz. Das Problem in der Praxis: Unter ihr sind Unmengen an Treibgut begraben, sie hat Höhenunterschiede von über einem Meter. Klar, für Ska-teboardfahrer wäre das eine Option, aber auch hier, nach kurzer Rückmeldung der naiven Gehirnhälfte (»Aber der Gutachter!?«) heißt es: kurzen Prozess! Die Terrasse, drei Monate zuvor gebaut, mein ganzer Stolz in 2021, zerlegt und auf den Müll geschmissen in nicht mal drei Stunden. Das Leben kann so grausam sein. Ein etwa drei Quadrat-meter großes Stück lasse ich zur Erinnerung, aufrecht ans

Haus gelehnt, stehen. Ich bin festen Willens, ihm später einen würdigen Platz zu verschaffen. Mal sehen, wie weit ich damit bei meiner Frau komme.

Unter der Terrasse: Treibholz in sämtlichen Größen, Kinderspielzeug, Bücher, Pflanzen, Bilder und und und. Dann: ein Holzkreuz. Mit Namen drauf. Ganz offensichtlich vom Friedhof. Doch, da kriegen auch Sie eine Gänsehaut! Tage später sollte ich erfahren, dass eine Kollegin aus der Bachemer Straße diese Kreuze sammelt und sie den Angehörigen zukommen lässt. Eine sehr gute Aktion, und die richtige Initiatorin.

Ich baue aus den Steinen der Vorgartenmauer zwei neue kleine Mauern, um die inzwischen saubere Zuwegung zum Haus zu flankieren. Total überflüssig, noch immer steht der Dreck fußhoch um uns herum, der kurze Eindruck von Sauberkeit und Ordnung kann nur flüchtig sein, das weiß ich. Trotzdem, ich brauche das.

Normalität.

Ein Pfarrer aus Ahrweiler, der seine Erfahrungen eindrücklich auf *Facebook* verarbeitet hat, wird für die Verwendung des Begriffs einige Zeit darauf heftig kritisiert. Für mich ist das Wort einer der Schlüssel zur Überwindung des Ganzen, seit dieser Nacht schon. Die gesamte Welt ist aus den Fugen geraten, allen geht es dreckig, nichts ist mehr, wie es war; was ist also verwerflich daran, sich Normalität zu wünschen, und sie zu schaffen, wo immer es geht?

Der Tag fliegt dahin. Es gibt immer weniger zu tun. Denn noch immer gilt, was Mario, mein Freund und Bauleiter unseres Hauses, mir am Tag nach der Flut gesagt hat: Zementestrich, eigentlich muss der nicht raus, da kann man trocknen. Nun denn.

Am Abend habe ich Sonnenbrand, aber sowas von. Klar, wenn man morgens nicht daran denkt, sich einzucremen, im *Juli*, bei strahlendem Sonnenschein, muss man sich nicht wundern. Ich verbringe Zeit mit meinen Liebsten, genieße sie unglaublich und freue mich, dass der Tag, der so furchtbar angefangen hat, doch noch schön endet.

Zu später Stunde schreibe ich:

Was für ein Tag …

Er begann mit Tränen, aber als ich das verdaut hatte, sah ich unser Haus und realisierte wieder, dass wir gesegnet sind. Wir sind soooo viel weiter als quasi alle um uns herum, man möchte ein schlechtes Gewissen kriegen. Aber dann konnte ich wiederum so viel Hilfe weitervermitteln an die Nachbarn, die noch am Anfang stehen: Helfer, Pumpen, Handschuhe, ein kaltes Bier zur rechten Zeit … was einen alles so glücklich macht in dieser Lage.

Was ich alles gefeiert habe heute?

Die Jungs von gestern, jedenfalls die meisten von ihnen, die aber auch noch einige ihrer Mädels dabei hatten und im Ergebnis unter anderem die Küche in circa 30 Minuten zerlegt hatten. Um später weiterzuziehen und anderen so grandios zu helfen.

Hassan von gegenüber, der mit seinem Kumpel irgendwann rumzog und Döner verteilte mit flockigem »Döner macht schöner« auf den Lippen, war definitiv Nummer eins! Freut mich, dass er dafür endlich 'ne Pumpe hatte.

Die ersten BKA-Kräfte, die auf einmal an meinem Haus vorbeikamen und die ich zu meinem Nachbarn Frank schicken konnte, auch ganz groß!

Mein ältester und bester Freund Ulf, der uns ein Rad und 'nen Buggy für den Kurzen, mir kaltes Bier und vor allem seine Anwesenheit schenkte! Ich liebe dich, Großer, auch wenn du kein Facebook hast!

Jonas, der wenig mehr tun konnte, als den Vorrat an kalten Getränken aufzustocken, um sich dann woanders viel nützlicher zu machen. Aber wie vielen ich heute ein kühles Bier anbieten konnte, das war einfach nur perfekt!

Die zwei Lieben, die unseren Queridoo sauber machen.

Nachbar Christoph, der uns seinen Teleskoplader-Hoschi zur Verfügung stellte.

Und im Ergebnis:
- *Leeres Haus*
- *Sauberes Haus*
- *Sicheres Haus*
- *Leerer Garten*
- *Leere Zufahrt*
- *Leerer Bürgersteig*

Ich fasse das einfach nicht!

Was ist das für ein Leben, in dem man in so einer katastrophalen Lage nach vier Tagen abends beim Vino sitzen (sich nach après sun sehnen …) und sich die Bilder ansehen kann, die ich hier sehe?

Aber ihr seht, ICH bin weiß Gott kein schöner Anblick … kommt auch wieder!

Man merkt, hier schreibt der Polizist. »Kräfte«, das sind Menschen, die im dienstlichen Sinne eingesetzt

werden. Wer das auf *Facebook* verstehen soll, ist mir schleierhaft, aber Gewohnheit ist Gewohnheit.

Kaltes Bier, daran erinnere ich mich auch. Eine Währung, härter als Gold in diesen ersten Tagen. Das lokale Blättchen hatte irgendwann einen Artikel verfasst, in dem ein älterer Herr zitiert wurde. Er sagte, wenn ich das richtig zusammenkriege: »Das hier ist wie Krieg. Was wir brauchen, sind Bier, Kippen, Diesel und Panzer!« Klingt total lustig. War aber Fakt! Und wer das mit den Panzern belächelt, hat noch nie gesehen, was Panzer, richtig eingesetzt, in Friedenszeiten anstellen können. Ein dreifaches Hoch auf unsere Bundeswehr! Das Bundeskriminalamt hatte allen Mitarbeitern, die helfen wollten, bis zu drei Tage Sonderurlaub eingeräumt. Eine grandiose Entscheidung, wie ich fand. Als an diesem Tag die ersten vertrauten Gesichter aus Meckenheim an meinem Haus vorbeispazierten, auf der Suche nach einem sinnvollen Einsatzort, habe ich nicht gezögert, die Speerspitzen der Verbrechensbekämpfung in die tiefsten Jauchegruben der Nachbarschaft zu lotsen. Ich wusste: Die kennen Schlimmeres, die halten durch, und die kann man überall gebrauchen!

Meine Frau war übrigens sehr skeptisch, was die zwei *Queridoo*-Engel anging. Ich verließ mich auf meine Menschenkenntnis und das geübte Auge dessen, der halbwegs erkennt, ob jemand mich beklauen will oder nicht. Und ich sollte recht behalten.

Rückwirkend betrachtet war das wohl einer der intensivsten Tage von allen. Das Ausmaß der Katastrophe wird einem überdeutlich bewusst, man weiß, man ist erst einmal komplett auf sich gestellt, und man will verzweifeln. Aber dann übernimmt der Überlebensmodus, paart sich mit allem an Hoffnung, was da ist, und man gibt Vollgas. Empfindet, mitten im Schlamm stehend, Freude über Kleinigkeiten. Und ahnt: Wir Menschen sind so viel stärker als dieses Volk, das sich tagaus, tagein über Nichtigkeiten auseinandersetzt, weil es richtige Probleme gar nicht mehr kennt. Eine ermutigende Entdeckung, würde ich sagen. Wäre sie nicht so flüchtig.

MONTAG, 19.07.2021

Ich wache auf. Es ist wieder mal zu früh. Ausgerechnet heute, ich hätte doch Zeit, im Haus ist Pause angesagt, zumindest einen Tag lang. Ausschlafen, das wär's gewesen. Egal, ich nutze die Zeit, um endlich mal Nachrichten zu lesen. Stoße auf ein Interview mit Armin Schuster, dem Präsidenten des Bundesamtes für Bevölkerungsschutz und Katastrophenhilfe, kurz BBK. Ich kenne ihn sehr flüchtig, *Facebook*-Freunde sind wir aber. Ein vernünftiger Mann, Innenpolitiker durch und durch, Polizeihintergrund, seit ein paar Jahren BBK-Präsident. Im Interview mit *The Pioneer* sagt er:

»Das Gemeinsame Kompetenzzentrum Bevölkerungsschutz von Bund und Ländern, das im Krisenfall das Ressourcenmanagement für alle Hilfs- und Rettungsmaßnahmen zentral koordinieren könnte, von der Feuerwehr über die Hilfsorganisationen bis zu THW und Bundeswehr, haben die Innenminister der Länder beschlossen, wir müssen es jetzt zügig umsetzen.«

Ich schreie innerlich Hurra, weiß aber gleichzeitig, dass von »wir müssen zügig umsetzen« und »Hier bin ich, nu freu dich!« in der Behördenwelt gern Dekaden vergehen. Dennoch, das Thema Katastrophenschutz scheint, von der Katastrophe des Jahrhunderts beflügelt, an Fahrt aufzunehmen. Da müssen doch alle aufspringen! Denke ich. Und wieder der Teil des Gehirns, der auf Naivität besteht …

Ich poste dazu:

Für mich das Thema des Jahres!

Uns allen hier nützt das jetzt gar nichts mehr, aber mich macht es, gerade weil ich es fachlich einschätzen kann, fassungslos, dass eine solche Katastrophe nicht von einer Bundesbehörde koordiniert wird. Jeden Tag höre ich, mit wem ich auch spreche, was (abseits der abertausenden privaten Initiativen!) alles nicht klappt, was alles schlecht bis gar nicht koordiniert wird, und wie vieles in Parallelstrukturen bearbeitet wird, was man zentralisieren könnte. Und meine Gesprächspartner sind in aller Regel keine Schluffis, die keine Ahnung haben.

Armin Schuster, ich wünsche Ihnen von ganzem Herzen, dass Sie das Bundesamt für Bevölkerungsschutz und Katastrophenhilfe zu dem ausgebaut bekommen, was im Namen steht, und was die Menschen denken, dass es das nicht nur kann (ich weiß ganz genau, dass es so ist), sondern auch darf: Bevölkerungsschutz und Katastrophenhilfe!

Die Reaktionen sind, rein quantitativ, eher so mittel. Klar, Politik zieht *nie*. Sagt auch schon einiges. Nicht über *Facebook*-Nutzer. Sondern über Politik hierzulande. Ist mir dennoch wichtig, und ich wünsche mir, dass man bei dem Thema am Ball bleibt. Frommer Wunsch.

Den Rest des Tages verbringe ich unter anderem, indem ich Zeit mit meiner Familie verbringe, ein paar Sachen aus dem Haus hole, den Spendenaufruf einer Winzerfamilie verbreite, versuche, mit meiner Frau zusammen alles zu listen, was jetzt noch wichtig wird, und diese Dinge auch schon anzugehen.

Wie die Frage, ob, wann und vor allem wie man sich ein neues Auto zulegen soll, geschweige denn zwei. Um bei erster Recherche festzustellen, dass die Gebrauchtwagen-preise im Vergleich zum April, als wir den Skoda holten, entweder um locker 20 Prozent gestiegen sind oder wir seinerzeit den unfähigsten Verkäufer der Welt gefunden hatten. Fakt ist: Vergleichbare Modelle sind alle mindestens 3.000 Euro teurer. Bundesweit. Das kann ja lustig werden.

Juju, die beste Freundin meiner Frau, ist gekommen. Grund zur Freude, eigentlich. Wenn sie nicht *auch* da wäre, um meine Familie erst mal hier wegzubringen. Nicht drüber nachdenken. Muss eben sein, keine Gegend für Kinder. Wenn der Kurze anfängt, Sirenen laut und blöd zu finden, sollten alle Alarmglocken angehen. Von abzukochendem Wasser, dem Staub des Todes und dem allgemeinen Kriegszustand hier mal abgesehen.

Die *Telekom* schickt eine SMS. 31 Tage unbegrenzter Datentarif. Exakt so muss das laufen, danke, *Telekom*!

Der Tag rennt, es ist Abend, ich habe viel zu wenig hinbekommen. Denke ich. Sortiere meine Gedanken, schreibe alles auf, poste wieder, diesmal richtig lang:

Tag fünf ist vorbei.

Ich musste heute mal Pause machen, man fährt in der Kombination Körper/Psyche definitiv am Limit und sollte, wenn man es denn kann, auf sich aufpassen!

Administration stand also an:

– Versicherungen anrufen, um festzustellen, dass man (Tag 5!) nichts weiter tun soll, als einfach zu warten. Läuft. Ach ja, hätte ich fast vergessen. Beim ersten Telefonat am Donnerstag sagte mir die Frau am Telefon, ich solle für die Hausrat (Trommelwirbel mal 3.000!) »die Sachen am besten in Reihe nebeneinanderlegen und fotografieren«. Ich

schwöre, ich werde diesen Gag auch mit 100 noch bringen, der kommt auf wirklich jeder Party!

– Bank anrufen, um festzustellen, dass auch eine Jahrhundertkatastrophe nicht ausreicht, um unserer Onlineklitsche abzuringen, vier Karten an zwei unterschiedliche Adressen zu senden und die Sendung an mich am besten ohnehin noch zu verzögern. Lacher des Tages die Frage: »Wieso fährt'n bei Ihnen keine Post?«

Aber von solch minimalen Rückschlägen abgesehen, ging es weiter im Sturm voran:

Aus drei unterschiedlichen Quellen bekam ich ein 6-Kilowatt-Aggregat, zwei Bautrockner mit gesamt fast 3,5 Kilowatt und drei Ventilatoren. Morgen kann ich mit der Trocknung beginnen, was, man darf es nicht anders nennen, ein absolutes Wunder ist, gemessen an dem Chaos um mich herum.

Fun Fact: Die Versicherung spart sich dumm und dusselig an Menschen wie mir (man nehme nur dieselbe Menge Schlamm und stelle sie sich trocken vor!). Ich bin sehr gespannt, wie sich das auswirkt ...

Was macht man also, wenn einen das schlechte Gewissen plagt? Man versucht, allen anderen zu helfen, die weniger Glück hatten. Und da gelang einiges:

– Meine Leute kamen und unterstützten mit einem Hammer-Bollerwagen und Maglites. Beides elementar, denn, wie ich durch Marc und seine Frau Michaela weiß (bei denen wir derzeit leben dürfen), harren unfassbar viele, insbesondere ältere Menschen in ihren Häusern aus, und da ist Licht, wie man sich vorstellen kann, ein echtes Geschenk. Mit Bollerwagen kann man optimal von Haus zu Haus ziehen und die gefühlt 50 Tonnen Material verteilen, die das Weingut Sonnenberg inzwischen auf seinen Wohnmobil-Stellplätzen gesammelt hat.

– Marcel, ein Jugendfreund, teilte mir mit, dass er eine Woche Urlaub hat und er mit anderen zusammen schweres Gerät anfährt, also Radlader und Lkw, der Stoff, aus dem hier Träume sind. Er ist ab morgen an der Grundschule, auf die meine Tochter nächstes Jahr geht.

– Peter und Tanja L. haben knapp 5.000 Euro mehr auf dem Spendenkonto. Und wenn auch nur 100 davon auf euch gehen, war es das schon wert! Trotzdem, da geht noch mehr!

– Meine Frau wurde im Weingut von einer älteren Frau angesprochen. Man habe sie hierhergeschickt, weil die Winzer gern helfen würden, habe man ihr gesagt. Sie ist Pflegerin einer alten Dame in der Stadt, aufgrund ihrer Schlafapnoe aber nachts auf ein Gerät angewiesen. Welches wiederum Strom braucht, und den haben nicht viele. Als Marc und Michi ihr ein Zimmer anboten, sodass sie nach zwei Nächten faktisch ohne Schlaf nun hoffentlich selig schlummert, war sie den Tränen nah. Als ich ihr neben der erbetenen Flasche Wasser auch noch ein bisschen Naschwerk ans Zimmer bringen konnte, war sie einfach nur unendlich dankbar. Wohlgemerkt, wegen eines Bettes, einer warmen Dusche, Strom, Wasser, BiFi und Keksen. Irre!

– Allen Nachbarn, die ich abends noch antraf, bot ich an, ab morgen früh bei Bedarf Handys bei mir zu laden oder Ähnliches, denn gut zwei Kilowatt hab ich ja noch übrig an

Leistung. Hey, ein Kühlschrank wäre der Hit! Hat jemand einen? Kaltes Bier und so, siehe:

– Die Jungs, die mich ansprachen und ganz vorsichtig fragten: »Sie hatten doch gestern ein bisschen Bier hier, oder? Ist vielleicht noch was da?«, als ich den vollen Sixpack ziehen konnte: priceless! Noch mal danke, Jonas und Ulf, für den satten Bestand!

– Cousine Melanie meldete sich zu guter Letzt am späten Abend. Sie will mit sieben Leuten morgen zum Helfen kommen, und ich werde damit ein, zwei Nachbarn echt glücklich machen können, denn noch immer zählt jede Hand!

Und was gab es sonst noch?
   – Ich hab ein Auto! Wieder Stephan beziehungsweise in dem Fall die mir unbekannte Tochter mit den langen Fingernägeln. 1.000 Dank euch beiden!
   – Phil brachte mir Schuhe, die er für mich kaufen konnte. Völlig gaga, ich weiß, aber ich will, verdammt noch mal, wieder eigene Schuhe tragen!! Übrigens Hammer Auswahl!

Und nicht so schön?
   Tja ...
   Morgen werde ich meine Familie erst mal verabschieden. Jeden Abend, egal wie spät, ins Bett zu gehen und den Hauch Normalität, die Liebe und Geborgenheit zu spüren, das gab schon Kraft. Aber es hilft nichts, das hier ist immer noch keine Gegend, in der man bleiben will oder

auch nur sollte, die Lage frisst uns alle täglich weiter auf.
Und ich kann halt noch lange nicht weg, dazu ist dann
doch noch zu viel zu tun.

Aber traurig hebe ich mir für morgen auf.

Das Foto, fragt ihr?

Lieblingstasse meiner Frau, wenn ich mich nicht irre,
hab' ich ihr die zum fünften Hochzeitstag geschenkt. Als
die Westerwälder Mädels sie gestern aus dem Spülmaschi-
nenschlamm zogen, hab' ich schwer gefeiert. Meine Frau
auch. Es sind die kleinen Dinge!

Also, um den Tag passend mit einem der besten Gilmore
Girls-Zitate zu beenden, die es gibt:
»Er war schon immer ein Katzentyp.
Nur eine Katze hatte er nie!«
Hoffe, Ihr habt gelacht –
Nacht!

Während ich dieses Buch schreibe, fällt mir immer wieder auf, wie wenig ich im Kopf behalten hätte, wäre ich nicht so früh daran gegangen, quasi Tagebuch zu führen. Die *Facebook*-Protokolle, die Notizen, die ich separat vornahm, und die Unmenge an Fotos helfen mir heute, mich zu erinnern. Was ganz offensichtlich gut ist, denn der Tag war doch nicht ganz so leer wie in meiner Vorstellung.

Der Golf, der plötzlich angefahren kam, ein erster fahrbarer Untersatz.

Der Kühlschrank, der mir keine halbe Stunde später angeboten wurde und am Abend noch auf dem Hof stand.

Die zwei Paar Sneakers, die Phil und seine Frau absolut treffsicher für kleines Geld erstanden hatten, das ich ihnen immer noch schuldig bin.

Der Bollerwagen, gefühlt viermal größer als die, mit denen das »Engelteam Sonnenberg« sich bisher behelfen musste. Sie wissen schon, die Dinger, die mit zwei Kisten Bier an Vatertag schon hemmungslos überfordert sind. Der »neue« sah aus wie ein recycelter Panzer, 100 Prozent schlammtauglich, Fassungsvermögen: drei Straßenzüge!

Ich hatte Strom, konnte trocknen. Weiter gegen den Schimmel kämpfen, der auch bei uns, trotz allem, noch bedrohlich über dem Haus schwebte. Denn, nach einem Telefonat mit Timothy, unserem »professionellen Trockner«, der sich an diesem Tag ausführlich meldete und kübelweise guten Rat auf mich einprasseln ließ, wusste ich, wir waren längst nicht fertig, sondern fingen erst an: Das Laminat im Gästezimmer musste noch raus, alles an Trockenbau, et cetera. Alles Schimmelquellen, und ist der Schimmel einmal da, wird's schnell richtig unangenehm. Zumal das Obergeschoss ja nicht abgedichtet war, wie auch?

Ich stellte die Bautrockner fachgerecht auf, sorgte für Ventilatoren, wusste nun, dass Lüftung wichtig war, aber bitte früh morgens und im Stoß. Kannte meine Aufgaben für die nächsten Tage, würde aber Hilfe haben, wenn ich sie brauchte. Und ich wusste, die Familie würde am nächsten Morgen losfahren. Alle, auch die Schwiegereltern und Schwägerin samt Familie. Und ich wäre erst mal allein.

Doch Rettung nahte auch schon: Göran, mein Schwager. Das reicht, beschloss ich. »Wenn die Zeiten hart werden, braucht jeder einen Göran im Haus«. Wie weise ich war!

MITTWOCH, 21.07.

Der Tag startet, man ahnt es, früh. Ich poste, denn gestern hatte ich keine Kraft mehr dazu:

Wieder werde ich um 4 Uhr wach und kriege es nicht hin weiterzuschlafen. Verstehe meinen Körper nicht mehr, ehrlich. Erkältet hab ich mich auch, was zwar nur nervt, aber auch das kostet Kraft, die keiner mehr hat.

Effektiv hart gearbeitet habe ich gestern vielleicht drei Stunden lang, mehr war nicht drin. Liegt vielleicht daran, dass ich am Haus auch kaum mehr zu tun habe, und mein Kopf mir deshalb ständig sagt: »Lass es, du erledigst ja eh nur noch Kram, für den die Versicherung zahlen müsste« (Die, man soll auch loben, tatsächlich heute um 13 Uhr schon den Regulierer schickt, hatte ich nicht erwartet.)! Dennoch stört es mich, weil um mich herum alle noch im Dauereinsatz stehen.

Apropos »um mich herum«: Ich habe gestern, wenn ich schon nur faul rumsitze, alles getan, um meinen Nachbarn zu helfen, so gut es eben ging. Die sogar neun Helferinnen und Helfer, die meine Cousine Melanie kurzfristig an den Start brachte, haben (statt Urlaub) reichlich Kellerarbeit verrichtet.

Eine Ladung Gasflaschen, Campingkocher mit Kartuschen und Ventilatoren konnte ich zielgerichtet an den Mann und die Frau bringen.

Den Kollegen aus Sachsen-Anhalt habe ich die Zufahrt freigemacht, sodass ihre Mannschaftswagen sicher standen. Als Dank durfte ich meiner Frau ein Foto von zwei der Jungs schicken. Sie steht auf Uniformen, hat ihr ganz sicher die Fahrt versüßt. (Gedächtnisvermerk: wir brauchen WIRKLICH Uniformen beim BKA ...)

Der berühmte Porsche von Nachbar Christoph kann jetzt geborgen werden. Wir haben mit ein paar Jungs von Nachbar Jörg den letzten verbliebenen Erdhaufen am Ende unseres Gartens halbiert. So kommt ab heute ein Abschlepper zu uns rein und kann den Porsche erst mal in den Garten ziehen, dann nach vorne raus. Hoffe, das dauert noch. Mit den Selfies hätte man Geld zum Spenden verdienen können.

Dann hier mal ein Schlauch, der gebraucht wird, oder eine Schubkarre, dort ein guter Rat, andernorts Trost und eine Umarmung (doppelt geimpft, geht mir jetzt ja weg mit Risiko!) ... Mehr geht nicht, aber mehr braucht es oft auch nicht.

Der Spiegel *zitierte gestern unter dem schrecklich treffenden Titel »Der katastrophale Katastrophenschutz« jemanden, der sinngemäß sagte: »In Krisensituationen ist die Bevölkerung auf sich gestellt!« Das mag nur zu 90 Prozent richtig sein, aber falsch ist es ganz sicher schon mal nicht! Alle, wirklich alle um uns herum profitieren maximal voneinander, von den Netzwerken der Freunde und Nachbarn, vom Materialtausch, dem Austausch von Nachrichten (wer hat schon Zeit, die zu hören?), zahllosen freiwilligen Helfern und so vielem mehr. Kommunale Koordination und Kommunikation mag stattfinden, aber sorry, es kriegt keiner mit.*

Feuerwehr, Rettungsdienste und Technisches Hilfswerk haben mehr als genug Baustellen, da müsste man mit wochenlanger Abarbeitung rechnen, und wer hätte die

Zeit, gerade wenn man unversichert ist? Schlamm trocknet. Schnell! Punkt.

Die Polizei hilft, wo sie kann, auch mit Schaufeln, ist aber – live erlebt – stark gebunden mit Aufträgen wie der Beseitigung von Störern, dem Objektschutz und anderem. Fun Fact: Habe die Kollegen zu einem leider nicht aufgefundenen Reichsbürger begleitet, weil sie nicht sicher waren, ob sie hier in Rheinland-Pfalz unterstellt sind, eine Eilzuständigkeit im Gesetz haben oder am Ende auf gut Glück handeln würden. Gehandelt hätten sie so oder so. Fand ich eine sehr solide Einstellung.

Übrigens, Thema Blaulichtsparte: Ich kann es mir nicht verkneifen, sorry! Hier leben jetzt Tausende Menschen, die mindestens mal angeschlagen bis traumatisiert sind. Darunter auch Kinder wie meine, jedenfalls bis gestern. Und auch wenn es bis vor sieben Tagen gerade für den Kurzen der Hammer war, wenn mal ein Martinshorn ertönte – irgendwann nutzt sich das ab. Und andere Menschen, die ich kenne, konnten und können es einfach nicht mehr ertragen, es erinnert nun an etwas, und das ist nichts Schönes!

Also: Warum zur ... muss es sein, dass die Feuerwehr – wirklich, ZIGMAL erlebt!!! – mit Horn fährt, wenn sie zum Beispiel mit drei Wagen hintereinander über die völlig freie Heerstraße donnert? Habt ihr andere Regeln als wir? Das Horn geht an, wenn andere Platz machen müssen, und nicht, damit alle hören, dass die Feuerwehr fährt. Ich würde mir das Bashing wirklich gern schenken, aber noch mal: Hier sind alle angegriffen, und das ... ding hat jetzt schlichtweg aus zu bleiben, wenn es nicht gebraucht wird! Und nein, bei Blau-Silber hab' ich das bisher nicht erlebt!

Bashing, die zweite: Was seid ihr eigentlich für Arsch-
nasen, die ihr da rumlauft und die Welt einfach brennen
sehen wollt, um mal Batmans Butler Alfred zu zitieren?

Es fing an mit Leuten, die mit Megafonen rumliefen und
vor weiteren Flutwellen warnten, die im Anmarsch seien.
Nachbarn von mir flüchteten nur deshalb nicht, weil sie
wussten, wer ich bin und mir vertraut haben, als ich ihnen
sagte, solang ich nicht nervös sei, müsse das niemand um
mich herum sein.

Wie ich das noch glaubhaft hinbekommen habe nach
meinem kolossalen Irrtum in dieser Nacht, ist mir bis
heute schleierhaft!

Von zahlreichen anderen weiß ich durch abendliche Gesprä-
che, dass sie teils sogar zweimal auf der Flucht waren, bis
die Ente endlich als Ente bestätigt wurde.

Dann die Plünderer. Ehrlich, verrottet in der Hölle,
mehr kann ich zu euch nicht sagen. Die scheinen aber im
Griff zu sein, Hundertschaften aller Länder sei Dank!

Nun offenbar Menschen, die ihre obskuren politischen
Ansichten oder weltanschaulichen Theorien verbreiten
wollen. Wie gesagt, live miterlebt. Beim Begleiten der
Kollegen einem jungen Mann begegnet, der mit diesem
(boah, hasse ich das!) wichtigen »Ich wollte eigentlich
auch zu euch, aber hat nicht geklappt, euer Pech«-Ge-
sicht und ernsthaftem Ton vortrug, ob die Kollegen denn
schon wüssten, dass die Antifa *mit 120 Leuten bewaffnet*
auf dem Weg sei, um die Arbeiten zu stören. Ich fragte
ihn dann, wieso ausgerechnet die Antifa *Hilfe in einer*
Notlage stören sollte (ich als vehementer Verteidiger der
Antifa, dass ich das noch erleben darf)? »Weil die bescheu-
ert sind, weil die …« Ich überfuhr ihn, glaube ich, klar

genug mit entspanntem, aber deutlichem »Ich bin seit über 20 Jahren im Staatsschutz, und bei allem, was man der Antifa anrechnen mag, das hier ist totaler Schwachsinn!« Ruhe im Busch. Ändert aber nichts daran, dass meine Erfahrung mir auch sagt (ich weiß, Facial Profiling, taugt aber!), dass der junge Mann guten Grund hat, mit der Antifa auf Kriegsfuß zu stehen ...

Ein weiterer interessanter Aspekt der Polizeiarbeit hier: Auch Reichsbürger, Verschwörungstheoretiker oder selbst Nazis kann sie nicht einfach so festnehmen, solang die gegen kein Gesetz verstoßen. Und als Helfer auftreten und dabei politische Botschaften loswerden, das wird keine Seltenheit sein in unserer Lage. Also, wenn ihr so was mitbekommt, stellt sie zur Rede, enttarnt sie als das, was sie sind, und sagt ihnen, Klappe halten spart Kraft zum Schaufeln. Mehr bitte nur, wenn sie ganz klar strafbar handeln (ich weiß, für den Laien nicht immer leicht zu erkennen), denn die Polizei hat wirklich genug zu tun, und ich persönlich sehe die alle am liebsten ihre nicht unbeträchtliche Energie ins Schaufeln oder Tragen investieren.

So, was sonst noch?

Meine Familie fehlt mir jetzt schon.

Mein Schwager ist bei mir, das beziehungsweise sein sehr spezieller Humor hilft extrem. Lieb dich, Bro!

Stelle fest, dass ich noch immer nicht in Ruhe mit meinem Bruder telefoniert habe. Er denkt vermutlich, dass ich zu viel anderes im Kopf habe. Ich weiß, dass ich das aufschiebe, weil ich minutenlang sowieso kein Wort rausbrächte, da ich einfach nur heulen würde. Hat also noch Zeit.

Hassans Schwager gegenüber nannte mich gestern den »Löwen«, Dechant Jörg Meyrer schreibt mir, ich handle wie der Barmherzige Samariter. Ich selbst denke immer nur, wie beschissen wenig ich tun kann, um anderen wirklich sinnvoll zu helfen, denn ganz ehrlich, zum Schaufeln hab ich keine Kraft mehr, und das brauchen die meisten noch immer am dringendsten. Menschen wie Marc und Michi hier im Weingut, die sind Barmherzige Samariter. Er fährt von morgens bis abends seinen Unimog, wahlweise Hänger hin und her und versucht, denen zu helfen, die es heftigst getroffen hat, insbesondere auch im Weinbau. Er organisiert mit offenbar drei anderen Weingütern, die es überstanden haben, Hilfe für alle Winzer in den Weinbergen, denn wenn die nicht bearbeitet werden, kommt das dicke Ende doppelt! Und er stellt alles, was er an Platz hat, für die zur Verfügung, die es am nötigsten haben.

Michi ist ein Wunder. Telefoniert von morgens bis abends, koordiniert, managed, zieht zwischendurch den Bollerwagen durch die Stadt, findet Vermisste, hat für alle und jeden immer noch ein freundliches Wort. So stelle ich mir einen Landrat im Krisenmodus vor. Unglaubliche Energie! Ich kann nur beten, dass der echte Landrat ähnlich arbeitet. Aber es tut mir leid, niemand hier weiß, was der Kreis gerade macht, seien sie nun auf null oder 100.

So, es ist fast 6 Uhr, Zeit für 'nen Kaffee.

Euch allen da draußen weiter viel Kraft, und an alle, die uns hier irgendwie geholfen haben und weiter helfen: Danke, ihr seid der Hammer!

So startet mein Tag: Mit der Bestandsaufnahme des Vortags und der Feststellung, dass ich vollständig kaputt bin.

Die Erkältung nervt nicht nur, sie ist richtig hässlich. Was weniger daran liegt, dass ich ein Mann bin und Erkältungen bei uns immer viel heftiger sind als bei Frauen, Kindern oder eben allen Menschen, die sich nicht memmenhaft anstellen; sondern daran, dass ich auch nicht weiß, wo mein Körper die Abwehrkräfte noch hernehmen soll. Bei all der physischen Belastung, der psychischen und dem toxischen Mist, in dem man seit Tagen förmlich badet? Ich beschließe also, die Erkältung ernst zu nehmen. Was bedeutet: Ich muss trotzdem aufstehen, es gibt zu tun.

Das Ferienhaus wirkt leer, ohne eine liebende Familie, die es füllen würde. Aber Göran ist ja da. Er kam gestern Morgen an, und es dauert keine zwei Minuten mit ihm, bis mein Akku wieder voll genug ist, um es durch den Tag zu schaffen. Ich werde keinen einzigen der Witze oder Sprüche zitieren, die uns beide durch diese Woche tragen werden, Sie sollen mich ja weiterhin für einen anständigen Kerl halten. Aber die Wirkung ist pures Gold. Wir hangeln uns durch den Tag, tun immerhin das Nötigste, indem wir damit beginnen, das Laminat abzutragen sowie den wenigen Trockenbau abzureißen, den es im Erdgeschoss gibt, und erfreuen uns an unserer Gesellschaft.

Dann wird es spannend. Der Regulierer kommt. Wirkt seht
vernünftig, sehr entgegenkommend, sehr darum bemüht,
uns zu helfen. Wir klären meine wesentlichen Fragen, unter
anderem, ob es denn jetzt wirklich okay ist, was ich alles
schon gemacht und in Auftrag gegeben habe. Eine eher
politische Antwort folgt, die ich einfach mal als »Ja klar,
geben Sie alles!« interpretiere. Er verabschiedet sich, ich

bin in freudiger Erwartung einer stattlichen Summe auf dem Konto, alles gut. Und wieder die naive Hirnhälfte.

Jonas kommt noch vorbei und hilft einige Stunden, dann noch einmal der Winzer mit dem Unimog. Sauberkeit bleibt das A und O. Ein Kollege aus Wiesbaden, den ich überhaupt nicht kenne, bringt mir ein Stromaggregat, weil das erste, das ich hatte, seinem beträchtlichen Alter nachgab und das Zeitliche segnete. Er quält sich, der höllischen Verkehrslage in der Stadt geschuldet, gut einen Kilometer durch die Straßen, um an unser Haus zu kommen, will keinen großen Dank, fragt nicht, macht einfach.

Ach, ihr 1.000 Helden, ich hoffe einfach, es gibt irgendwo eine Stelle, die jede kleinste Kleinigkeit auflistet und euch dann, wenn es drauf ankommt, ordentlich entlohnt. Ich werde das nicht können. Wir alle hier werden das nicht können.

Der *Stern* meldet sich, ich bin online zitiert. Der Reporter hatte sich in den ersten Tagen im Weingut einquartiert, netter Kerl. Zitat wie folgt: »Diese Jahrhundertkatastrophe muss die politische Agenda prägen. Wer sich dem entzieht, darf politisch in diesem Land keine tragende Rolle spielen«. Sehe ich ganz genauso. Einzelmeinung, mag sein. Wäre aber schade.

Die beiden Fotos, die mir Stephan schickt, der Vergleich aus *Google Earth*-Aufnahme und einem Drohnenfoto meiner Nachbarschaft, hauen mich um.

Ich bleibe dabei, es muss sich etwas ändern, und wenn wir 1.000-mal nur ein einziges Land und nicht der größte Teil des Problems sind. Es ist mir einfach schnuppe! Wir können es noch, und darum sollten, nein, müssen wir es auch. Es kann keine Entschuldigung mehr geben, keine

Rechtfertigung, es braucht nichts anderes als entschlossenes Handeln: im Klimaschutz, beim Verbraucherverhalten, bei der Flächenversiegelung und, auch wenn Hunderte von ihnen die Helden des Ahrtals sind, auch in der Landwirtschaft. Ich schreibe noch mal in *Facebook*:

Als der Stern *mich interviewen wollte, habe ich keine Sekunde gezögert.*

Warum?

Sicher nicht, weil ich so mediengeil bin, ich hab' mehr als genug Interviews für ein Leben gehabt.

Aber hier geht es um mehr als nur innere Sicherheit. Hier geht es darum, endlich anzuerkennen, was – verdammt noch mal!! – ist! Und das ist der Fakt, dass Naturkatastrophen sich nicht nur häufen, sondern dabei auch völlig neue Dimensionen erreichen.

Ein sehr guter Freund erklärte mir kürzlich in einer dieser selten gewordenen weinseligen Nächte, dass er sich schämt, dass unsere Generation beim Klimaschutz so versagt hat.

Ich bin anderer Meinung.

Ich glaube, meine Generation hat es in der Hand! Und ich will im Boden versinken, wenn ich nach dieser Tragödie nicht nutze, was ich habe, um das Thema zu setzen. So wenig das auch sein mag.

To be continued …

Ich nehme mir fest vor, mich an diesen Worten zu messen. Auch wenn ich weiß, dass Monate folgen werden, in denen ich noch weniger Zeit übrighabe, als das ohnehin schon die Regel ist in meinem Leben. Trotzdem. Das Thema ist es wert. Nicht für uns. Sondern für unsere Kinder.

DONNERSTAG, 22.07.2021

Ich wache später auf als sonst, ein erster Hoffnungsschimmer.

Bin aber krank. So richtig. Weiß sofort: keine Kraft, um aufzustehen. Erst mal irgendwie ans Leben kommen. Dann, später vielleicht, mal arbeiten, in den Rechner schauen und wenigstens die allerwichtigsten Vorgänge abarbeiten. Gepriesen sei die Digitalisierung, ich kann das sogar vom Bett aus. Ja, so mache ich das.

Erst mal Bestandsaufnahme. *Facebook* auf. Ich poste:

Bis 5.15 Uhr geschlafen, das könnte schlimmer sein.

Erkältung übel, hab ich seit Jahren nicht erlebt. Wäre auch nicht wild, aber das kommt so unglaublich unpassend.

Werde heute meinen Sonderurlaub (acht Tage, da hat sich die Amtsleitung sehr um die Betroffenen verdient gemacht, wie ich finde!) unterbrechen, weil ich zumindest mal einen halben Tag arbeiten muss.

(23 Tage wurden es am Ende. Dafür kann ich niemals genug danken!)

Corona sei Dank aus dem Bett heraus möglich, meinen treuen SINA *hab' ich gerettet.*

Das schöne Aggregat, das mir ein Kollege aus Wiesbaden gestern gebracht (und dank der wie so oft kritischen Verkehrssituation viel zu lange allein durch den Schutt gerollt) hat, wird also erst mal nicht die Trockner bedienen, die im Haus stehen. Aber ich hoffe, mittags die Zeit und die

Kraft zu haben. Muss ja weitergehen. An der Stelle noch mal danke, Sven! Das ist gelebte Solidarität unter Kollegen. Gestern kam tatsächlich der Regulierer von der Versicherung. Erst mal alle Zeichen auf Go. Unabhängig davon, dass uns ein veritabler Rechtsstreit bevorsteht, weil das Rundum-Sorglos-Paket, das ich im Frühjahr haben wollte, als wir die Fotovoltaik bauen ließen, offenbar nicht ganz so rundum sorglos war. Hausrat hat keine Elementarschadenversicherung drin. Dank des Mailverkehrs, den ich habe, und mangels Beratungsprotokoll geht vielleicht was, mal schauen. Oh, und für alle, die es nicht wussten: Küchen sind nur dann in der Wohngebäudeversicherung enthalten, wenn sie maßangefertigt sind. Was nach meiner vorsichtigen Schätzung etwa 90 – 95 Prozent der Bevölkerung, die die über 20.000 Euro nicht aufbringen können oder wollen, ausschließt. Nun ja, es gibt Leute mit weit größeren Sorgen.

Was hier täglich offensichtlicher wird, ist der Punkt, der insbesondere mir wirklich noch die letzte Kraft entzieht, weil ich mich so aufregen möchte: die himmelschreiende Unfähigkeit, die einem an jeder Ecke entgegenschlägt, wenn man die Zeit hat zu hinterfragen, wieso manche Dinge laufen und manche nicht.

Sieben! Volle! Tage! hatte man nun Zeit, um die beträchtlichen logistischen und Kräfte-Ressourcen, über die die Bundesrepublik verfügt, vor Ort beziehungsweise an die Orte zu bringen, zu koordinieren und effizient einzusetzen. Und ich kann und will mich einfach nicht mehr mit klassischen Ausweichfloskeln wie »haben andere Baustellen« in die Neutralität flüchten. Es funktioniert nicht, so einfach ist das!

Wer, wie wir hier im Weingut, erlebt, dass auch heute

noch gefühlt 90 Prozent von allem, was sinnvoll ist und hilft, von privater Koordination oder Initiative ausgeht, der kann nicht anders, als das anzuprangern.

Was an staatlichen Strukturen vor Ort ist und effektiv arbeiten kann, ist in der Regel privat oder semi-privat hier oder, wie zum Beispiel viele Polizeikräfte, die ich sah, interpretierten den Einsatzbefehl eher fantasievoll und packten einfach mit an, wenn es denn ging.

Klingt absurd? Mag sein. Ist aber so! Ich gebe mal ein Beispiel, ohne zu sehr ins Detail zu gehen. Nehmen wir an, es sei irgendwie gelungen, heute Nacht an 70 Notstromaggregate zu gelangen, die nun hier rumliegen. Dann wäre es doch eine schlaue Idee gewesen, gestern schon durch die Stadt zu ziehen und festzustellen, wer sie brauchen kann. Gesagt, getan. Zu den drei Menschen, die das getan haben, und zu ihrem Status während dieses Tuns sage ich mal nichts. Aber getan haben sie es. Sie kamen innerhalb weniger Stunden auf etwa 30 Haushalte. Erfahren in behördlichen Strukturen, wie sie nun mal sind, haben sie die Info zunächst einmal dem THW weitergegeben und brachten die Liste dann ins Weingut. Ich wette, auch wenn ich offenbar doch erst mal halbwegs pleite bin, ein Monatsgehalt, dass wir schneller sind. Und zwar nicht nur einen Tag ...

Ich will hier niemanden ermüden, man muss selbst vor Ort sein oder einfach mal die inzwischen Dutzenden wirklich eindrücklichen Schilderungen im Netz verfolgen, die es gibt, in denen sich Leute deutlicher ausdrücken, als ich das tun sollte. Im Ergebnis erhält man zumindest den sehr starken Eindruck, dass die verantwortlichen staatlichen Stellen (kann mir eigentlich mal jemand sagen, wer das überhaupt ist?) rein gar nichts auf die Kette kriegen. Ehrlich, würde mein Laden auch nur eine Stunde lang so einen Eindruck vermitteln, wenn wir zuständig sind, da könnte ich hier eine ganze Reihe Leute aus dem Bundestag verlinken, die uns ziemlich genüsslich grillen würden!

Seht ihr, schon reg ich mich wieder auf ...

Hilft ja nix. Kräfte schonen, schnell gesund werden und vorankommen.

Werde mich heute, abgesehen vom Betrieb des Aggregats, das muss schon sein, auf Administration beschränken. Gestern hab' ich mit Göran und Jonas noch den Technikraum geleert, den »cupboard under the stairs« gereinigt und letzten Trockenbau entsorgt (gottlob sehr wenig im Erdgeschoss), daher kann ich wohl pausieren.

Gestern erreichte mich – via Facebook, also danke für den Link, wer immer das noch war! – die Nachricht, dass alle Opfer unbürokratisch Soforthilfe beantragen können, per Mail. Das hab' ich abends noch gemacht, bin gespannt. Auch, wie viel das sein wird. Weiß das jemand?

Die Versicherung schickt erst mal Geld, sagt der Regulator, aber dazu muss ich irgendwas schon mal einreichen. Irgendwas einreichen, das geht aber erst, wenn Profis vor Ort waren und den Schaden erheben konnten. Und wer bestellt sich jetzt 'nen Heizungsbauer? Beziehungsweise, welcher Heizungsbauer in der Region hat gerade nicht extrem viel Besseres zu tun? Eben! Komme auch nicht mehr dazu, mir abends zu notieren, wer mir alles mit Manpower, Gerät et cetera geholfen hat. Werde es aber versuchen, denn auch dafür gibts Geld. Vielleicht heute Abend.

Apropos Opfer.

Meine Frau hatte schon recht gestern im Telefonat mit

dem Haufen Elend, das ich war (Poah, fehlen mir die drei!).
Man braucht eine Weile, aber man wird sich dann durchaus
bewusst, dass man Opfer ist. Und das sollte einen auch erst
mal nicht loslassen. Macher oder Helfer, der man parallel
auch sein will, hin oder her, man ist Opfer. So auch ich. Wenn
man sich seit circa 25 Jahren für Superman gehalten hat, ist
das ein wirklich dreckiges Gefühl, das kann ich euch sagen!

So, es ist fast 9 Uhr. Ich gehe mir mal 'nen Kaffee und
irgendwas besorgen, das die Erkältung wegblockt (der
Oberstleutnant hat bestimmt richtig guten Stoff, ich muss
ihn nur finden …), dann schmeiße ich den Rechner an.
Bleibt alle aufrecht da draußen. Es ist nicht alles schlecht,
und wir kommen voran. Gemeinsam! Ich verspreche, mor-
gen schreibe ich wieder lauter fröhlichen Kram. Heute bin
ich zu zermatscht.

Also, Dienstrechner an.

Ich stelle fest, dass ich definitiv die richtigen Leute habe.
Mir keine Gedanken machen muss. Das läuft schon alles,
auch ohne mich. Zwei, drei Dinge brauchen aber doch
meine Entscheidung, die erledige ich, anderes muss ich
zumindest schon mal lesen. Nach drei Stunden bin ich
fertig. Nicht mit der Arbeit. Sondern mit mir. Mehr geht
nicht. Kopf ist dicht.

Ich stehe auf. Was gut ist. Denn das Angebot der Woche
wartet auf mich. Die Mutter aller Aggregate, nachts ins
Weingut geschafft aus dem hohen Norden, steht bereit.
Sein Name ist *Atlas Copco*, und ich verliebe mich sofort!

Natürlich wird der Tag nicht halb so entspannend, wie
ich ihn mir vorgestellt und vor allem gewünscht hätte. Ein
riesiges Aggregat zu bekommen und es am Ende auch ein-

setzen zu können, das sind zwei Paar Schuhe, und es wird einen halben Tag dauern, bis ich beide angezogen habe.

Doch auch dieser Tag bringt mich, als er vorbei ist, wieder ein winziges Stückchen voran.

Und nicht nur mich.

Aber erst mal gehe ich schlafen. Berichten kann ich auch morgen noch.

Das war der Tag, an dem mir zwei Dinge deutlich bewusst geworden sind. Zum Ersten die Tatsache, dass ich Opfer war. Opfer einer Katastrophe, und nicht nur »Betroffener«. Wenn man sein gesamtes Berufsleben lang auf der anderen Seite des Tisches sitzt, ist auch das etwas, was man erst einmal sacken lässt, das darf ich Ihnen versichern. Es war dennoch gut, mir das einzugestehen. Es hilft einem, die Schwäche zuzulassen. Ehrlich mit sich selbst und mit der Tatsache umzugehen, dass es nicht die Zeit ist, den starken Mann zu spielen. Hilfe anzunehmen, auch wenn man schon die Kraft hat, anderen zu helfen. Sich schlicht und ergreifend nicht selbst zu vergessen. Ich habe heute den Eindruck, dass ich damit ganz gut gefahren bin.

Die zweite Sache, die spätestens an diesem Tag und in der Folge täglich offensichtlicher wurde, war die bisher nur im Ansatz erahnte Untätigkeit und Unfähigkeit von Menschen, die eigentlich für uns alle hätten da sein müssen. Sie werden verstehen, dass ich mich bei diesem Thema nicht zu weit aus dem Fenster lehnen darf, dabei würde ich nur zu gern Klartext schreiben. Ich versuche es stattdessen mit der augenzwinkernden Empfehlung, bei Interviews, in denen man Ihnen verkaufen wollte, dass »die Kritik der Bevölkerung ja verständlich sei, aaaaaber ...«, das Wort »verständlich« durch »total egal« zu ersetzen. Und alles nach »aber« zu ignorieren.

Mich hat das alles jedenfalls so wütend gemacht, das können Sie sich nicht vorstellen. So viel dreiste Verlogenheit und Ignoranz habe ich noch nie erlebt.

Eines weiß ich: Hätte dieser Einsatz in meiner Verantwortung gelegen, ich könnte nie wieder in den Spiegel sehen.

Doch genug davon. Zum Glück wird einiges von dem, was mich so aufbringt, inzwischen dort aufgearbeitet, wo es hingehört.

Ich bleibe aber dabei: Katastrophenschutz gehört in Bundeshand!

Ein Blick in die Niederhut-straße in Ahrweiler, im Zentrum der historischen Altstadt (Foto: Dominik Ketz)

Zahlreiche Gebäude im Tal sind vom Abriss bedroht oder bereits abgerissen Foto: Dominik Ketz)

Die Wassermassen verwandelten auch die Kreisstadt in einen einzigen Strom (Foto: Dominik Ketz)

Ein Freibad nach der Flut (Foto: Dominik Ketz)

Die Terrasse des Autors am Tag vor der Flut (Foto: Andy Neumann)

Die Terrasse des Autors am Tag nach der Flut (Foto: Andy Neumann)

Ein Tanklaster der Bundeswehr betankt das gewaltige Dieselaggregat (Foto: Andy Neumann)

Der heilige Unimog und sein Besitzer im berühmten weißen Hemd (Foto: Andy Neumann)

Besuchen Sie
das Ahrtal,
sobald es
wieder geht.

*Der Autor beim verbreiten wichtiger Botschaften
(Foto: Andy Neumann)*

Die Straße vor dem Haus des Autors, am Morgen nach der Flut (Foto: Andy Neumann)

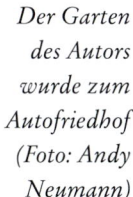

Der Garten des Autors wurde zum Autofriedhof (Foto: Andy Neumann)

Die Küche des Autors, von einer Schlammschicht bedeckt (Foto: Andy Neumann)

»Den Hausrat bitte einzeln fotografieren!« (Foto: Andy Neumann)

Eine von unzähligen Ketten, die im Ahrtal mit Hilfe tausender Helfer gebildet wurden. (Foto: Andy Neumann)

Das erste Buch des Autors, zu Unrecht durch den Schmutz gezogen.
(Foto: Andy Neumann)

Tiefgaragen konnten zu Todesfallen werden (Foto: Heinz Grates)

FREITAG, 23.07.2021

Sieben Stunden Schlaf!

Entweder die Erkältung hat ihren Tribut verlangt, oder mein Körper normalisiert sich wieder. Letzteres wäre mir lieber.

Ich denke an gestern, lächle.

Muss heute noch ins Büro, am besten gleich morgens. Ich brauche einen neuen Dienstausweis, irgendwann in den ersten Tagen muss ich ihn verloren haben. Kein Wunder, wenn man seine wichtigsten Habseligkeiten tagsüber nur rudimentär in den Taschen ausgeleierter Arbeitshosen verstauen muss. Aber ich habe noch etwas Zeit, das ist gut. Ich kann schreiben:

Der Tag beginnt um 7 Uhr mit einem klingelnden Wecker. Strange.

Gestern nicht viel geschafft, denn nach dem nötigsten bisschen Homeoffice musste ich gegen 13 Uhr dann doch ans Haus, weil ein Mann, den ich (bisher!) nicht kenne, Tim aus Norddeutschland, uns nachts ein 27 Kilowatt-Aggregat ins Weingut gebracht hat, das wir – weil auch hier die offiziellen Stellen dankend abgelehnt haben, man kann es sich einfach nicht mehr vorstellen! – in meinen Garten bringen mussten. Was, inklusive des Akts »gratis Diesel tanken bei der Bundeswehr« (die ich für ihre Coolness und Besonnenheit in dieser Lage noch mehr zu schätzen lerne), ein paar Stunden dauert.

Murphys Law: Das Aggregat steht, ich organisiere bereits alle Nachbarn, die sich mit dranhängen wollen (und auch können, das Teil versorgt so einiges), und dann stellt sich raus, dass die beiden Verteilerkästen, die Tim mitschickte, nicht passen. Tim hat sich minimal aufgeregt, als sich herausstellte, dass der jüngst mit der Erneuerung des Anschlusskabels beauftragte Elektriker offenbar 32A mit 63A verwechselt hat.

Mein inniger Dank geht an den unermüdlichen Jonas, der mit »Kore« (ruhigster Knochen der Welt! Trefft ihr je im Kottenforst den Oberförster, schenkt ihm irgendwas) gemeinsam so lange das THW malträtiert hat, bis wir zumindest schon mal ein Anschlusskabel samt Dreiertrommel hatten.

Und dann: the power of multimedia!

Ich glaube, mein »Hilfe, brauche Verteilerkasten«-Posting muss Hunderte Male geteilt worden sein, und Angebote bekam ich innerhalb weniger Stunden gefühlt zehn bis 20 aus ganz Deutschland. Wow, sagenhaft! Eat this, Zuckerberg, dafür ist Facebook da!

Ende vom Lied: Aggregat steht, und ich konnte dem im Obergeschoss des Nachbarhauses lebenden älteren Paar mit Hund über unser altes Auto, das auf deren Zaun noch immer sein trauriges Dasein fristet, eine Kabeltrommel reichen. Die Rührung werde ich nie vergessen. Ein Foto von mir auf dem ollen Dacia auf dem Zaun, das hätte ich gern gehabt. Muss ein Bild für die Götter gewesen sein.

Ab heute, etwa 10 Uhr, hoffe ich für zwölf bis 14 Stunden am Tag bei allen angeschlossenen Nachbarn Strom garantieren zu können, und zwar genug, damit auch die inzwischen wertvollen Ressourcen wie Trocknungsgeräte oder Hochdruckreiniger betrieben werden können. Wir sind bisher zu siebt, wenn ich richtig gezählt habe, das geht sich aus. Meine Frau bastelt uns, sobald wir wissen, wie lange der Tank durchhält, einen »Nachfüllplan«, und Diesel beschaffen die, die versichert sind, das sind bei mir herum zum Glück die meisten.

Hilfe zur Selbsthilfe, noch immer das A und O dieser Lage, am neunten Tag. Kann man nicht glauben, muss man aber.

Und dann der Staub!

Versucht euch mal vorzustellen, wie das ist, wenn einem bei jedem größeren Fahrzeug, von denen hier nicht wenige rumfahren, der Hauch des Todes ins Gesicht bläst. Kleidung, Haare, Poren, Lunge: alles voll mit dieser vermutlich nicht tödlichen, aber ganz sicher irgendwie toxischen Sch..., die getrocknet auf allem liegt. Man wünscht sich Regen, und wie pervers ist das?!?

Ach ja, addiert eine satte Erkältung und ihr wisst, wieso ich gestern Abend nicht mal mehr Joe Cocker hätte singen können, sondern bestenfalls Mister Krächz. Egal, Einzelschicksal.

Apropos Regen. Hier wird gemunkelt, dass wir am Wochenende noch mal geschmeidige 50 Liter pro Quadratmeter bekommen sollen. Klar, mein fast schon vorzeigbarer Vorgarten freut sich. Aber wenn man den Spaß beiseitelässt, frage ich mich doch, wieso das Freilegen von Gullys, zugeschlammten Einfahrten et cetera nicht langsam priorisiert wird. So denn irgendjemand irgendetwas priorisiert, denn noch immer wirkt sehr wenig ansatzweise strukturiert. Um auch mal klar zu loben: Das THW hat ganz offensichtlich die Wasserversorgung soweit hergestellt, dass inzwischen 1.000 Liter-Tanks extrem dicht verteilt sind. Das ist gut und wichtig! Danke also dafür.

Engel gabs auch wieder, allen voran die drei jungen Mädels, die sich sichtlich bemühten, meinem Schwager den Kopf zu verdrehen (meiner ist an der Stelle unverrückbar), als sie bei uns ihr wohlverdientes Bier bekamen. Selbst organisiert, von offizieller Stelle deutlich und mehrfach abgewiesen (Ich weiß, ich wiederhole mich, aber wenn's doch nun mal so ist?!), liefen sie mit einem bei Bauhaus geliehenen Einkaufswagen durch die Gegend, mit dem sie 110 Portionen Leberkäs-Semmeln verteilten. Der Ex-Münchner in mir weinte. Hart! Überflüssig zu erwähnen, dass der Wagen leer wurde. War also sicher richtig, die Mädels erst mal abzuweisen, Freunde der Verwaltungslehre! ☺

Wenn wir schon dabei sind: Höre ich hier noch mal jemanden über die Generation Z, oder welche auch immer gerade dran ist, jammern: Die helfen sich hier den … ab! Sie mögen ja ihre Macken haben, aber hier, wo sie gebraucht werden, sind sie Helden.

Darf vielleicht auch mal einer in den Blättern erwähnen.

Übrigens, um es manchem mal so richtig zu geben, ebenso wie die drölfzigtausend Menschen jeglicher Nationalität, die hier Gas geben! FCKAFD, auch das muss gesagt sein.

Marcel kam abends ins Weingut, sechs Gehminuten entfernt untergebracht. Seine Frau Petra ist ab heute auch hier, hatte offensichtlich vor Ort nichts mehr zu Essen abbekommen und freute sich über die letzte Helfersuppe bei uns; auch bei der Verpflegung scheint es also eher Glückssache zu sein, wo man eingesetzt ist. Marcel und die anderen Helfer aus seiner Firma arbeiten in Altenburg, Richtung Eifel, mit Bagger, Radlader und viel Power, ihr wisst, Stoff/

Träume und so. Wenn man hört, wie es dort aussieht, fühlt man sich gleich noch mal gesegneter. Unfassbar, das alles ...

So, jetzt muss ich ins Büro, denn, so viel Ordnung muss sein, mancher formale Akt geht einfach nicht ohne persönliche Unterschrift, und heute fühle ich mich auch bereit, mich in den Anzug zu werfen und ganz kurz so zu tun, als sei die Welt noch wie immer.

Bin echt gespannt, wie es später mit dem Aggregat weitergeht, ich fotografiere dann mal die Kabel, die alle aus dem Kasten ablaufen. Strom für die Welt!
Bis später!

Im Nachhinein meine Protokolle zu lesen, war an Stellen wie diesen höchst interessant. Denn während das alles passierte, war, soweit es mich betrifft, die Zeit förmlich ausgesetzt. Die Tage verflogen, und Dinge, die gestern passiert waren, hätten genauso gut letztes Jahr oder vor zwei Minuten geschehen sein können, es war nicht einzuordnen. Dass ich Atlas Copco nur einen Tag, nachdem ich endlich ein für meinen Bedarf ausreichendes Aggregat aus Wiesbaden bekommen hatte, in Betrieb nehmen konnte, darauf hätte ich heute keinen Cent gewettet. Mindestens eine Woche, scheint es mir, lagen beide Zeitpunkte auseinander. Das Aggregat des Kollegen verschwand natürlich mitnichten nutzlos in der Ecke, sondern wurde einer Bekannten weitergegeben, unversichert, alleinstehend und um jede Hilfe dankbar, wie so viele um mich herum.

Vollkommen skurril war es übrigens, in dieser dreckigen, staubigen und stinkenden Umgebung einen Anzug anzuziehen und ins Büro zu fahren. Die gut

200.000 Euro zu investieren und ins All zu fliegen, dürfte sich natürlicher anfühlen als dieser Moment. Das Ganze dauerte zum Glück nicht lange, und ich schlüpfte wieder in meine neue, wenn auch nie lieb gewonnene, Alltagskluft, die vor Schmutz starrte.

Ach ja: Fast schon überflüssig zu erwähnen, dass ich den Dienstausweis fand, zwei Tage, nachdem ich einen neuen beantragt hatte. In einer Hosentasche. Männer ...

Ich komme aus dem Büro und fühle mich ausgepumpt. Schon wieder. Oder immer noch, so genau weiß ich das nicht. Ich weiß nur, dass ich die Erkältung nicht loswerde, der Magen mich seit Tagen an meine Indienrundreise erinnert, der Hals rauer ist als meine Hände und ich mich nach Ruhe sehne.

Es hilft aber nix: ab ins Haus und weiter! Göran im Schlepp, schuften wir noch mal bis in den Abend. So viel Zeug noch im Garten, Ecken voller Schlamm, die der Bagger nicht erwischt hat, und jede Menge Kleinigkeiten, die einen aufhalten und zermürben wollen. Gepriesen sei unser Kühlschrank! Und unser Wettbewerb, wer die helfende Weiblichkeit mit dem unverschämtesten Outfit sieht (Hey, erstens, wir sind Männer! Zweitens, das ist wirklich hart an der Grenze, was hier getragen oder auch nicht getragen wird, die Mädels stehen den Jungs in wenig nach. Und drittens, da das so ist, können betroffene Frauen sich weiß Gott auch nicht beschweren, also rollen Sie jetzt ja nicht mit den Augen!).

Auch dieser Tag fliegt an uns vorbei, abends sitzen wir im Weingut, sind schlapp und verdreckt, schauen einer

Gruppe Helfer beim Duschen mit der *Kärcher* zu und lassen den lieben Gott einen guten Mann sein.

Am Tisch dann, die Idee kommt vom Winzer, der Einfall, den alten *Geier Sturzflug*-Hit »Besuchen Sie Europa« umzudichten. Gesagt, getan, Gitarre geholt, Video gepostet:

»Noch ist alles nicht zu spät,
Weil hier immer noch was geht.
Besuchen Sie das Ahrtal, wenn alles wieder steht,
Besuchen Sie das Ahrtal, sobald es wieder geht.«
Geht nicht, wie erhofft, um die Welt. Tut aber gut.

Und es ist auch eine der größten Sorgen, die ich um mich herum wahrnehme, jetzt, wo die Menschen langsam ans Nachdenken außerhalb des eigenen Mikrokosmos kommen: »Was wird aus dem Tal?« »Wer soll denn hier noch hinkommen?« »Das dauert doch Jahre, bis hier alles wieder ist wie früher.« Und so weiter.

Ich glaube allerdings nicht daran, dass das Ahrtal verloren ist. Keine Sekunde. Nicht mit diesem Spirit, nicht mit dieser bundes-, ach was, weltweiten Welle der Hilfsbereitschaft. Klar, nicht mit dieser lokalen Führung, aber auch das werden sicher bald auch noch die letzten verstehen, die wissen, was gut für ihre Partei ist. Grund genug also zur Hoffnung. Ein würdiger Tagesabschluss in diesen tristen Zeiten.

SAMSTAG, 24.07.2021

Ich wache auf. Irgendwann um 7 herum. Ich war schon mal wach, um 5.20 Uhr, aber ich glaube, ich konnte danach noch ein bisschen schlafen. Immerhin. Fürchte aber, ich muss mich wieder hinlegen, nachdem ich den Generator angemacht habe. Ein bisschen Zeit bleibt. Bestandsaufnahme:

Gestern war der Tag der Stromorganisation. Wenn ich es richtig im Kopf habe, hängen jetzt neun Parteien am Aggregat, wir haben eine WhatsApp-Gruppe und wollen von 8 – 22 Uhr den Strom sicherstellen. Da das Aggregat einen ziemlich satten Tank hat, scheint es zumindest möglich, das mit nur morgendlichem Auftanken zu schaffen. Also ein Aufwand, der überschaubar wäre. Einiges aber nun mal noch im Konjunktiv, also abwarten.

Bei der Gelegenheit habe ich Annemarie etwas näher kennengelernt. Sie wohnt um die Ecke im dritten Haus, hängt sich ab Montag mit dran und fragte mich, ob ich eine Idee hätte, wie sie den Schlamm aus ihrem Garten bekommt. Man stelle sich also vor: etwa 150 Quadratmeter Garten, in dem noch immer 20 – 30 Zentimeter Schlamm vor sich hin trocknet. Von keiner Seite ein Rankommen, ohne noch einiges von dem zu zerstören, was an Außenanlagen der Nachbarn übrig ist. Durch ihre Garage kommt kein Minibagger, da sie hinten nur eine Tür hat. Sie sagte dann zu mir, in ihrem Alter hätte man keine jungen Leute, die kräftig schaufeln können. Ende der Geschichte ist, dass Michi ihr heute einen Zug Helfer aus dem Weingut schicken wird, der das Ganze in Handarbeit erledigt. Es wäre mir ein Fest, wenn das klappt.

Mächtig beeindruckt haben mich acht Anwärter aus meinem Amt, die freiwillig und ohne Sonderurlaub ihr Wochenende opfern wollen, um zu helfen. Sie reisten gestern an, kamen hier im Weingut unter und waren, als ich sie gegen 21 Uhr begrüßen konnte, so voller Schlamm durch den bis dahin erbrachten Einsatz, dass sie sich erst mal mit dem Hochdruckreiniger vorreinigen mussten. Durchaus zur Freude der Frauen ...

Beim abendlichen Gläschen gab es den Lacher des Tages, als einer der Jungs sagte: »Ich war schon mal in Bad Neuenahr, weil ich hier zu Depot musste, die haben nämlich den Duftbaum für mein Auto.« Keine Ahnung, ob man das witzig finden kann, wenn man nicht hier in der Postapokalypse lebt, aber das war so herrlich trivial und auch so ein fantastisches Bild, ich hab' das schwer gefeiert.

Den Tag bis dahin hatte ich überwiegend im beziehungsweise am Haus verbracht. Neben der Stromgeschichte haben Göran und ich damit angefangen, das bisschen zu rettenden Hausrat grob vom Schlamm zu befreien und in Kartons zu packen (auch die Flex, Martin! Aus der Nummer kommst du nicht raus).

Wir konnten dann zusehen, wie endlich wieder ein Bagger/Lkw-Team anfing, ab unserem Haus die Straße von Müll zu befreien. Einige Häuser haben sie geschafft, es sieht also auf unserer Straßenseite halbwegs gut aus. Und heute ist Samstag, ich fürchte also, ich werde schon wieder den Bürgersteig fegen müssen ...

Ein paar bemerkenswerte Begegnungen gab es auch. Der
Mann, der die beiden Feuerwehrleute aus dem Auto heraus derart zusammenschrie (weil sie ihn nicht in die Straße
fahren ließen, in die er wollte), dass diese wirklich Angst
bekamen. Dann wollte der Typ den Feuerwehrmann auch
noch überfahren. Bin dann mit der Kripomarke, die ich
zum Glück noch habe, hingerannt und habe ihm, sagen

wir mal »freundlich und bürgernah«, zu verstehen gegeben, dass es für alle Beteiligten sinnvoller wäre, er würde den anderen Weg nehmen … Gedächtnisvermerk: Mit krächzender Stimme ist die Autorität zwar nur halb so hoch, aber sie reicht, wenn man die richtigen Worte findet.

Die beiden kräftigen Jungs aus Sachsen, die uns fragten, ob wir Hilfe brauchen, und nach Ablehnung im kurzen Gespräch beim angebotenen Bier schnell zum Thema kamen, dass es an der Grundschule alle Hilfe gibt, die man braucht. Nie habe ich so sehr um zwei Flaschen Bier getrauert.

Dann Walburga und ihre Tochter, die im Weingut unter anderem die Helferverpflegung übernommen haben. Die beiden fragten irgendwann am Abend, ob sie jemand nach Hause begleiten könnte, der eine Schubkarre mit Wasserkanistern mitnehmen kann, damit sie endlich mal Frischwasser daheim haben. Wie kann man da Nein sagen? Was ich in der Sekunde völlig unterschätzt hatte, war, dass es eben noch nicht überall so manierlich aussieht wie bei mir in der Ecke. Also behalte ich die geliehenen Sneakers an, die ich tagsüber trage, wenn ich keine Schlammgefahr sehe, schnappe mir die Schubkarre und trapple hinterher, einmal durch Bad Neuenahr bis zur Ahr, wo die beiden wohnen. Mal abgesehen davon, dass die Sneakers jetzt aussehen wie ein ungemachtes Bett, hat mich die Zerstörung im Herzen der Kurstadt dann wirklich fassungslos gemacht. Der Platz an der Linde, ein Trümmerfeld. Die Kurgartenbrücke, weg. Das Steigenberger erhebt sich sozusagen aus Ruinen. Poah, das war nicht schön, das noch zu sehen, ganz ehrlich. Bilder hänge ich mal mit an, aber Bilder sind wirklich nichts, was einem mehr als einen Eindruck vermitteln kann.

Ach ja, gestern habe ich mit dem Marketingchef meines Verlags gesprochen und ihn gefragt, ob man nicht eine gemeinsame Spendenaktion machen könnte, zugunsten der zerstörten lokalen Buchhandlungen, quasi »Betrag X pro verkauftem Buch im Zeitraum Y«. Er war da sehr offen, zu gegebener Zeit hoffe ich also auf Verbreitung.

Die Aktion startete wenige Tage später, beinhaltete neben meinem Thriller *Zehn* alle Bücher von Karin Joachim, die ebenfalls hier im Tal lebt und betroffen ist, und war ein voller Erfolg!

Jessica, deren Buchhandlung am Ahrtor massiv betroffen ist, schlug dann vor, eine signierte Erstausgabe, die sie noch im Laden hatte und die zu den wenigen Büchern gehört, die man zumindest noch blättern kann, zu versteigern. Würde die glatt selbst kaufen, aber vielleicht macht ihr ja jemand ein Angebot, das sie nicht ablehnen kann. Würde mich freuen!

Ansonsten merkte man gestern, dass es wirklich bergauf geht. Zumindest theoretisch.

Praktisch wird einem, bei Regenwarnung von bis zu 50 Liter, klar, dass selbst die Gullys, die oben frei sind, keinen Sinn haben, da sie randvoll mit Schlamm sind. Spannende Frage wird also sein, wo der Regen dann hinlaufen soll. Aber ich denke mir, einfach nicht drüber nachdenken, wird schon irgendwo ablaufen.

Oder?

Die Passage mit dem Jungs aus Sachsen erklärt sich nicht von selbst, fürchte ich. Wer die damalige Medien-

lage aufmerksam verfolgt hat, dürfte mitbekommen haben, dass es kurzzeitig Irritationen wegen der sogenannten »Reichsbürgerszene«, »Querdenkern« und anderen Menschen gab, die sich in einer Schule, keine Gehminute von mir entfernt, eingenistet hatten. Ohne formelle Erlaubnis, wie man hörte. Und schon war das Dilemma perfekt. Ich hatte weiter oben ja bereits protokolliert, welcher Art die Begegnungen waren, die man vor Ort haben konnte, wenn man wollte. Und dabei geschildert, dass es schwierig ist, Menschen, die zuallererst einmal helfen wegzuschicken, weil man sie einem Lager zuordnet, das, sagen wir es mal vorsichtig, müffelt. Ich schreibe dieses Buch als Privatmensch, und meine private Haltung zu der Frage ist klar: Ich will von Menschen keine Hilfe, die diesen Staat infrage stellen. War daher nur einmal in der Schule, und zwar in Begleitung der Kollegen aus Sachsen- Anhalt. Und wusste, das ist kein Ort, an den ich jemanden schicken würde. Dass es sehr vielen um mich herum aber total egal war, von wem sie Hilfe bekommen, fand ich und finde ich immer noch absolut nachvollziehbar. Dementsprechend unterschiedlich fielen auch die Kommentare zur Entscheidung aus, die, wenn ich mich richtig erinnere, auch an diesem Wochenende getroffen wurde: Die Schule sollte geräumt werden.

Gut so, fand ich.

Sauerei, fanden andere.

Ich gehöre zu den Menschen, die beide Seiten verstehen können, und ich finde, wir kämen viel weiter, wenn wir das alle mal wieder öfter versuchen würden. Die beiden Männer jedenfalls, die wir vorschnell auf

**ein Bier eingeladen hatten, schafften es mit nur zwei,
drei Sätzen, die freundliche Stimmung kaputtzuma-
chen. Manches Gelaber will man sich einfach nicht
anhören.**

**Die Angst vor dem Regen, die nicht nur ich hatte,
stellte sich immerhin als unbegründet heraus. In den
Wochen nach der Flut gab es keine Niederschläge
mehr im Ahrtal, die kritisch gewesen wären. Man
konnte zwar weiter über einen grottigen Sommer
schimpfen, aber immerhin sicher sein, dass nichts
mehr absaufen würde.**

Ende der Bestandsaufnahme. Ich lasse Göran schlafen und
fahre ans Haus, um den Generator anzuschalten. Leere wie
üblich die Tanks der Bautrockner. Fahre zurück ins Weingut. Nach einem kurzen Frühstück lege ich mich wieder
hin. Und schlafe. Ganze fünf Stunden lang!

Als ich aufwache, merke ich: Das Fieber ist weg. Nicht,
dass ich in den letzten Tagen einen Kopf dafür gehabt
hätte, mir ein Fieberthermometer zu besorgen und nach-
zumessen. Aber ich weiß es. Der Höhepunkt dieser hart-
näckigsten aller Erkältungen ist vorbei, jetzt geht's bergauf.

Ich wecke Göran (doch, doch, der kann so lange schlafen, ohne krank zu sein!). Wir entscheiden, dass heute nicht
mehr der Tag für große Aktionen ist. Außerdem regnet es.
Nicht so doll, wie befürchtet, aber genug, um nicht raus
zu gehen, wenn man nicht muss.

Immerhin ist Wochenende. Und ich werde langsam wieder gesund. Wir ruhen uns aus. Und war es je im Leben
schöner, einfach mal absolut gar nichts zu tun?

Nein!

SONNTAG, 25.07.2021

Ein Blick ins Internet genügt, und der Tag ist gelaufen.

>>Nach der verheerenden Flut an der Ahr:
Landrat weist Schuldzuweisungen zurück<<

Es gibt Tage, da ist nicht wichtig, was man selbst getan
hat.
Das hier, diese Schlagzeile, dominierte alles.
Ich glaube, Sie haben inzwischen ein gutes Bild gewon-
nen.
Ich lasse das einfach wirken.

MONTAG, 26.07.2021

Ich werde wach, nach gemütlichen sechs Stunden Schlaf, und muss erst mal den besten Göran der Welt zum Bahnhof bringen. Es war so wertvoll, dich hier zu haben. Du wirst mir fehlen.

Das Aggregat macht mein Nachbar an, also kein Grund zur Eile.

Auf dem Rückweg aus Siegburg schnell 30 Burger bei *Meckes* eingeladen. Ich kriege zehn Prozent und eine Cola umsonst, langsam zeigt das Opferdasein auch seine guten Seiten.

Die Burger gehen im Weingut fix weg. Den Rest verteilen die Bollerwagentrupps in der Stadt; wie ich später höre, offenbar an Polizisten. Ein guter Tod für einen Burger!

Es ist Mittag, und ich stelle fest, dass ich die Auflistung des Hausrats, die meine Frau vorgenommen hat, endlich mal überarbeiten müsste. Auch wenn wir nicht versichert sind, ich bin festen Willens, durch die fehlerhafte Beratung im Februar immerhin ein Kulanzangebot rauszuholen. Also setze ich mich hin und sichte die Liste. Ergänze sie. Korrigiere die angegebenen Werte (meine Frau hat einen starken Hang zum Understatement. Grundsätzlich total liebenswert, aber doch nicht, wenn ich eine ehrliche Bestandsaufnahme unserer ehemaligen Besitztümer brauche). Und bin Stunden damit beschäftigt.

Das Gerücht erreicht mich, wir hätten wieder Wasser. Na, da bin ich gespannt. Ich überlege, was ich sonst noch tun könnte.

Das Rennrad. Ha! Fast vergessen. Mein wunderschönes Bike, viele Jahre durch dick und dünn gefahren und immer noch bei mir. Aus dem Schlamm gezogen im Technikraum, unter Leiter, Holzresten, Werkzeug, Farbeimern und *Queridoo* begraben – und dennoch, so scheint es, heil. Ich kärchere los. Halte drauf, was geht, lenke den Strahl in jede noch so knifflige Ritze, betrachte mein Werk. Und sehe, dass es funktioniert hat. Klar, da muss noch mal ein Schrauber ran. Neue Kette, alles ordentlich nachziehen und fetten. Aber unterm Strich bin ich mir sicher, dass ich noch ein Rennrad habe. Verdammt gute Nachrichten.

Der Fenstertechniker ruft an. Er kommt morgen und nimmt alles auf, damit wir zügig bestellen können. Vorkasse, hilft nix. Aber muss ja losgehen, Baustoffmangel hatten wir vor der Katastrophe schon.

Eine Firma ruft mich an. Von der Versicherung beauftragt. Viel ist nicht mehr zu vergeben, sage ich. Wer wartet schon auf Anrufe, die nach zwei Wochen kommen? Man will sich melden.

Ich kehre zurück ins Weingut und schreibe los:

Diesmal zwei Tage zusammengefasst, da ich spüre:

Erstens ist mein Bedarf, alles niederzuschreiben, um mich damit ein Stück weit selbst vorsorglich zu therapieren, deutlich geringer geworden.

Und zweitens habe ich so viel Kraft und positive Energie zurückgewonnen, dass ich lieber tagelang verpasste Gele-

genheiten wie das Säubern von gerettetem Hausrat über-
nehme, statt zu schreiben.

Dennoch gibt es einiges, was zu berichten lohnt.

Ihr erinnert euch an Pascal und Pauline, die Queridoo-
Engel? *Banzai! Das Teil steht sauber im Garten, als ich*
gestern Morgen ankomme. Und heute fand ich dann auch
zufällig raus, wer Pauline ist. Sobald sie meine Anfrage
quittiert hat, tagge ich sie gnadenlos.

Auch sonst war's gestern ein Spitzenmorgen. Die Jungs
von nebenan hatten als Dank für den Strom (als wenn's
das bräuchte, aber dennoch sehr nett) ein Dankesschrei-
ben samt Flasche Wein hingelegt. Die WhatsApp-*Gruppe*
läuft super, die Bereitschaft zum Nachfüllen sowie zum
An- und Ausmachen des Aggregats ist enorm, da werde
ich kaum Arbeit mit haben. Dieter, der nebenan mit Frau
und Hund im Obergeschoss wohnt, und den ich, wie seine
Frau auch, für gut 60 hielt, überraschte mich ziemlich mit
seinem »Auffüllen kann ich nicht so gut, mit 81 lässt die
Kraft dann doch schnell nach«. Gedächtnisvermerk: exakt
so mit 81 drauf sein!

Ach ja, großer Moment auch schon, bevor ich am Haus
ankam (Fortsetzung danach ...). Winzer leiht mir sein
E-Bike, ich fahre los, komme etwa 500 Meter weit und
hab 'nen Platten. Winzer macht sich lustig, klar, er fährt
schon seit Tag eins damit durch Schlamm und Scherben
und hatte nie 'nen Platten. Ich ertrage den Spott, nehme
eines der normalen Mountainbikes und fahre zum Haus.

Alles locker, siehe oben, ich fahre also heim ins Weingut.
Ihr ahnt es ...

Bike abgestellt, noch gedacht »hat aber auch eher wenig
Luft auf'm Reifen hinten«, und zwei Minuten später das

anklagende »Nee, oder?« vom Winzer. Da hilft kein noch so treues Leugnen, dass ich auch nur in die Nähe einer Scherbe kam – ich war, wie es sein musste, der Arsch.

Bei der Gelegenheit zwei Dinge festgestellt. Erstens, dass es schon ganz gut ist, wenn man nach etwa 30 Jahren endlich mal wieder einen Reifen selbst flickt. Und zweitens, dass Alexander einfach ein toller Kerl ist. Telefoniert, besorgt uns – ihr wisst, in der Vorbereitung auf Krisen keine halben Sachen machen! – 20 Schläuche und bringt sie auch noch vorbei, bevor die Allgemeinverfügung dem gemeinen Helfervolk die Tore versperrt. Danke, Alex! ☺ 🙏

Am Nachmittag konnte ich dann mal ganz gut die Gedanken sortieren. Was ist zu tun, was fehlt, wen muss ich anrufen, et cetera, et cetera. Wichtiges Thema dabei: Impfschutz! Wir sprachen ja bereits über den Hauch des Todes, und in der Tat scheint man gut beraten, wenn man einen Haufen Impfungen hat, von denen ich nur raten könnte, ob ich sie habe. Sollte also zeitnah mal zu einer der Impfstationen und hoffen, dass ihnen auch ohne Impfausweis ein fröhliches »Tetanus? So um 1980 rum, tippe ich«, reichen wird …

Das mit der Tetanusimpfung ist übrigens nicht halb so lustig, wie es hier klingt. Dem Vater eines Freundes aus Bad Neuenahr musste man einen Zeh abnehmen, weil er keinen Impfschutz mehr hatte. Und er hatte noch Glück, beinahe wäre es der Fuß geworden. Aber klar, Impfungen sind Teufelszeug.

Zudem durfte ich erfahren, wie ein Leben ohne Karten und Ausweise aussieht. Fakt ist mal ganz klar, dass ich bei der nächsten Jahrtausendflut auf jeden Fall mein Portemonnaie rette und auf keinen Fall die Schlüssel für Autos, die sich eh jämmerlich aus dem Staub machen! Nun ja, gesperrte Paypal-Konten, die Unfähigkeit, Spenden von meinem Konto umzubuchen et cetera zeigten mir klar auf, dass die Onlinebankdienichtgenanntwerdensoll besser mal die faulen Hintern ans Rollen bringt!!

Apropos Spenden. Der Werner, mein wahlsächsischer und absolut hochwassererprobter Onkel, hat gestern ein Soli-Grillen vor seinem Restaurant veranstaltet, da kam einiges zusammen. Wir rätseln noch, wohin das Geld gehen soll, aber Geld ist immer gut, ob es nun Millionen sind oder ein paar Euro, hier wird ganz sicher alles gebraucht, wenn man das Tal auch nur im Ansatz für die Zukunft erhalten möchte.

Und noch mehr gute Nachrichten: Offenbar soll die Grundschule endlich von windigen Gesellen befreit werden. Das wurde Zeit. Ich weiß, viele denken »Hauptsache Hilfe«, aber es gibt Hilfe, da muss man einfach Verzicht üben können, hilft alles nix.

Im Verlauf des Abends nahm ich dann eine Allgemeinverfügung zur Kenntnis, die – für mich als Bürger, ohne jeden Einblick in die Lage der zuständigen Stäbe! – die erste ebenso sinnvolle wie durchdachte Entscheidung war, die sich von offizieller Seite vernehmen ließ: Verbot des Individualverkehrs für gestern und heute. Klar, auch da waren viele unglücklich, auch um mich herum. Aber in einer solchen Lage sollte man versuchen, von oben zu denken, und dass die Beseitigung der täglich (in vielerlei Hinsicht) schwieriger werdenden Müllberge vor den Häusern, auf den Bürgersteigen und auf den Straßen endlich oberste

Priorität haben musste, erschloss sich jedenfalls mir auf Anhieb. Das Ergebnis sah ich heute, und es hat mich extrem begeistert. Ob man in diesem Kontext die Helfershuttles hätte absagen müssen, steht auf einem anderen Blatt. Vorsichtig ausgedrückt, gibt es noch immer mehr als genug zu tun für helfende Hände, wenn man nur weiß, wo (was wiederum das Problem ist). Aber sei es drum, man merkt, dass die offiziellen Strukturen nach und nach aufholen und das bisher gelebte und höchst erfolgreiche »Helft euch selbst« dann auch sukzessive abgebaut werden kann. Was, auch wenn das viele nicht werden wahrhaben wollen, die keine Erfahrung mit Ausnahmesituationen haben, auch gut so ist. Denn mögen die Schwachköpfe noch so auf staatliche Strukturen schimpfen: WENN sie mal stehen, dann funktionieren sie in der Regel auch. Meine Kritik lautet ja auch nur, dass es ein Dutzend Tage dauert, bis es so ist.

Spoiler: Das war wieder die naive Gehirnhälfte.

Apropos öffentliche Strukturen, der fehlte noch:

Als ich gestern Abend gegen 22 Uhr erneut mit dem E-Bike losfuhr, um den Generator am Haus auszumachen (Ich wettete 2:1 gegen mich auf den dritten Platten!), hielt mich ein junger Polizist an und sagte, ohne Licht dürfe ich nur schieben. Meine sehr spontane und sicher nicht perfekte Reaktion: »Ernsthaft, bist du den ersten Tag hier?« Man darf nicht vergessen, dass wir hier in der Krise leben. Kein Mensch käme auf die Idee, dass ein fehlendes Licht am Fahrrad mehr ist als vollkommen belanglos. Ich erspare euch weitere Details, aber wir einigten uns darauf, dass ich um die Kurve schob und danach wieder aufstieg. Meine vielen, lieben uniformierten Freunde hier auf Facebook: Seid mir nicht böse, aber das ist halt der Grund, aus dem ich euren Job nie machen könnte. Fünf gerade sein lassen und so.

Zurück ins Heute. Habt ihr mal versucht, den Hausrat von gut 100 Quadratmeter Fläche aus dem Kopf aufzulisten? Meine Frau schon ... grandiose Vorarbeit, ich musste heute »nur noch« ergänzen und dort korrigieren, wo sie es mit ihrer Bescheidenheit doch übertrieben hat. Nicht mal der abgebrühteste Versicherungsregulierer kauft uns ab, dass sie weniger Schuhe hatte als ich. Was auch nicht so war (und ich hatte schon nicht wenige). Aber gut, dafür ja das Korrektiv. Stattliche Summe jedenfalls, die da zusammenkam. Kriegt man akkurate Mittelklassewagen für. Bin gespannt, ob es was bringt, Elementarschaden in der Hausratsversicherung, wir erinnern uns, Fehlanzeige, wenngleich vielleicht mit guten Karten in rechtlicher Hinsicht.

Da allein die Liste mich Stunden beschäftigte, ging sonst nicht mehr viel. Bin bei Tageslicht gegen 20.30 Uhr zum Haus, um das Aggregat auszumachen. Stellte fest, dass es kein fake war, wir haben tatsächlich wieder Wasser! Oder werden es haben, sobald ich den Haupthahn wieder aufdrehen kann, ohne dass die Küche ein zweites Mal absäuft. Ich sah begeistert, wie weiß der Boden an vielen Stellen, an denen nur noch Estrich liegt, schon war, und goss die Blumen mit dem rausgesaugten Wasser. Dabei weinte ich dann fast, als ich zum ersten Mal bemerkte, wie die Natur sich schon wieder ihren Weg bahnt. Wahnsinnig schöne Bilder, wie unser Schneewittchen oder der Rambler sich gegen das Elend drum herum stellen.

Spätestens da dachte ich mir: So, wenn die das können, kann ich das auch. Das Gesamtbild stimmt nun auch

wieder, ich habe Kraft, bin optimistisch, kann gut lachen,
schlafe und finde, allem Dreck um mich herum zum Trotz:
Das Leben ist schön!
  Gute Nacht, Freunde, es wird Zeit für mich zu gehen
(für heute jedenfalls).
  Was ich noch zu sagen hätte,
  passt auf eine Zigarette
  und ein letztes Glas im Stehen.

Lieber Reinhard Mey, ich hoffe, Sie sind nicht böse ob des Zitats! Ich wollte es nicht streichen, das Lied begleitet uns schon so lange, es wäre schade drum gewesen.

Was die Begegnung mit dem jungen Polizisten angeht, da müsste ich jetzt eigentlich um Entschuldigung bitten. Kann ich aber nicht. Selbst heute, wenn ich das Ganze reflektiere, bleibe ich dabei: Es gibt Lagen, in denen sollte fehlendes Licht an einem Fahrrad (das übrigens an zwei weiteren Stellen mit nichts als freundlichem Lächeln quittiert wurde) schlichtweg kein Anlass sein, jemanden anzuhalten. Dennoch, verstehen Sie das bitte nicht falsch: Ich bin froh um jeden Polizisten, der vor Ort war. Sie wurden gebraucht, und sie haben allesamt einen super Job gemacht!

MITTWOCH, 28.07.2021

Der Tag, an dem ich mich entscheide, keine Notizen mehr zu machen. Die Protokolle auf *Facebook* müssen reichen, denn all das kostet Zeit, und Zeit bleibt kostbar. Wie schnell ist der halbe Tag verflogen, bloß weil eine einzige, kleine Sache nicht funktioniert. Selbst die Protokolle kosten manchmal Kraft, die ich kaum habe, denn nach dem Körper ist es jetzt der Kopf, dessen Akku leer scheint. Ich habe aber nicht das Gefühl, dass aufzuhören die bessere Alternative wäre. Im Gegenteil, es hilft und heilt mich weiterhin. In der Abwägung siegt das Schreiben. Also schreibe ich.

Lange nichts geschrieben, stimmt.
  Aber viel erlebt.
  Ich nenne es mal die Heimwerkertage, denn abgesehen von Strom, da war ich ja schon auf Lehrlingsniveau erstes Jahr nach all der Arbeit mit Aggregaten und Stromkästen, hab' ich jetzt (nach den Fahrradreifen) gelernt, dass man Autoreifen kinderleicht selbst nicht nur wechseln, sondern auch flicken kann. Vorausgesetzt, man hat wie der Winzer irgendwo ein Set rumliegen, das sich vermutlich »Mobil bleiben im Krieg« nennt. Stephan, nix ab kann die Karre, nicht mal 'ne klitzekleine Scherbe (na gut, sagen wir mittelgroß).
  Dennoch schnell zwei neue Reifen bestellt, die kommen nächsten Mittwoch drauf, dann kann ich, wenn alles richtig, richtig gut läuft, endlich mal zur Familie. Wir werden sehen.

Aber das war noch nicht alles an Handwerk.

Montag stellte ich fest, dass ich als Einziger in der Nachbarschaft kein Wasser im Haus hatte. Alles kärchert, ich wasche mir die Hände an der Straßenecke, so geht das nicht. Stadt angerufen. Meine Hochachtung an den Einsatzleiter, den ich abends um 19 Uhr rum ans Telefon bekam. »Mer kucke morje mal, Jung, datt krieje mer hin.« Die Ruhe selbst, solche Menschen braucht man, wenn man vorankommen will.

Gestern gabs dann Wasser. Gott, hab ich gefeiert. Der Kärcher von Schwager Martin röhrte, dass es eine Pracht war, und sauber war der Technikraum. Und das Fahrrad meiner Frau. Und die Hochstühle der Kids. Und und und ... und dann war ich alle!

Heute kam ich dann ins Haus, weil der geilste aller Termine anstand: Der Trocknungspapst, den die beste aller Frauen schon an Tag eins an den Start brachte, kam, sah und siegte.

Dazu später, erst die Wassergeschichte. Ihr ahnt es: heute wieder kein Wasser ... Den Einsatzleiter angerufen, und – das muss mein Tag sein! – kurze Zeit später kamen zwei Profis, die mir recht schnell die Diagnose stellten: Wasser ist da, es kommt nur am Druckregulierer/Filter nicht vorbei.

Telefonat mit Marvin, unserem Heizungsgott: Sieht schlecht aus, rauskommen kann jetzt keiner. »Tausch den doch selber«.

Ich nur: 😩 😩 😩 😩 😩 😩 😩 😩

Das Finale davon ist so groß, ich könnte platzen vor Stolz. Mit der Hilfe von Herrn Hof von Eugen König in Bad Neuenahrer, Westerwälder aus Hardert (die Welt ist so f...ing klein!) hab ich den neuen Filter (anderes Modell, aber es sind nicht die Zeiten, um wählerisch zu sein) erst mal soweit zusammengebaut, dass er theoretisch dicht sein musste. Dann ins Haus zurück, Wasser abgedreht, todesmutig und in schlimmster Befürchtung die Pumpenzange angesetzt, die beiden fetten Schrauben (oder wie sich das nennt) gelöst, Filter rausgenommen, neue Dichtungen drauf, den neuen Filter wieder festgeschraubt, uuuuuund:

Nix ging! (Ihr dachtet, das Happy End war schon, gell?)

Ich überlegt, mir den Filter angesehen, Marvin noch mal angerufen: »Du, Marvin, kann das sein, dass der Filter sich direkt mal schön vollsifft und deshalb kein Druck durchkommt?« *So war's.*

Also noch mal ausgebaut, Eimer unter die Hauptleitung, Wasser laufen lassen, bis nix mehr nach Dreck aussah, den neuen Filter mit 'ner Sprudelflasche per Hand gereinigt, wieder eingebaut, uuuuuund:

»DERGEHHHHHHHT!Schwerdbeklopptdergeeeeeeht!«

Es braucht also eine Katastrophe, damit Männer wieder Männerdinge können. Ich jedenfalls werde so Sachen nicht mehr verlernen, im Gegenteil!

Noch mehr unterhaltsame Storys gefällig? Kein Problem:

Montag rief mich eine Firma an, von der Versicherung beauftragt, meinen Schaden zu beseitigen. Ich schwöre und ich weiß, ihr glaubt das nicht, aber ich schwöre, die wollten als Allererstes jemanden schicken zur Leckage-Ortung! Ich habe so herzhaft gelacht, Freunde, ich kriege heute noch Pipi ins Auge bei der Erinnerung. Ich brech' echt zusammen ... nun ja, als ich mich wieder gefangen hatte und geklärt werden konnte, dass das gesuchte Leck der Himmel war und man den nicht groß suchen muss, sagte ich der Anruferin, welche Gewerke ich eh schon an den Start gebracht habe, weil ich wusste, die Chance, jemanden zu kriegen, wenn man mehr als zwei Tage wartet, wäre gleich null. Sie sagte also zu, dass man sich um die Gewerke nach Trocknung (außer Wasser, Heizung, Elektro) kümmern werde, und beglückwünschte mich, dass wir schon so weit voraus seien. So viel also zum Thema »Warten, bis der Gutachter kommt«

Heute dann der zweite Anruf der Firma: Tut uns leid, wir kriegen das nicht hin, keine Kapazitäten. Subtext: Sehen Sie wie der Rest des Tals am besten zu, wo Sie bleiben. Freundliche Verabschiedung, Selbst-High-Five, weil wir ganz sicher auch den Rest an Gewerken an den Start bringen, wie – falls nötig – Estrich et cetera, und weiter im Text.

Aber noch mal, so lustig das auch für mich selbst ist, weil ich schon weit bin, nach vorne blicken kann und meine Kraft Tag für Tag zunimmt: Ich frage mich wirklich, wie gehen Menschen mit solchen Anrufen um, die ihre Hoffnung, jedenfalls was den Schaden angeht, in ihre Versicherungen und deren Firmen setzen? Da ist dann nix mit lustig! Und da reden wir noch gar nicht von Leuten, die keine Versicherung haben …

Gestern rief dann der Gutachter an. Er kommt am Dienstag. Ich habe auch bei dieser Gelegenheit, wie jedes Mal gegenüber der Versicherung, deutlich gemacht, dass ich zwar Fotos und Videos ohne Ende mache, aber beim allerbesten Willen nicht rumsitzen und warten werde, bis jemand kommt und mir sagt, was ich tun soll. Da waren wir auch schnell einig. Schadensminimierung bleibt das A und O.

Heute dann eben Timothy, mein Trocknungspapst. So was von ein geiler Typ. Ich tagge ihn nicht, denn wenn ich das täte, *hätte er ab morgen keine Ruhe mehr. Jeder braucht so eine Firma, und ich will mir gar nicht ausmalen, wie das ist, wenn man zu spät drankommt. Der Schimmel wütet bereits in vielen Häusern, da will man sich wahrlich nicht einreihen …*

Nachdem wir dann noch die Zargen der Innentüren rausgeholt hatten (ziemlich schlaue Idee, kam ich nur bisher nicht drauf, die sahen ja gar nicht so schlimm aus) und ich mit Spaltaxt und Brechstange, Gottes Geschenk an die Männer, unser Gästebad beziehungsweise den Kasten für Klo und Waschbecken von Fliesen und Trockenbau befreit hatte, ging's sauber voran:

Das Obergeschoss ist jetzt abgedichtet, eine Folientür kannte ich bisher nicht, scheint aber im Ahrtal zukunftsfähig zu sein, das Ding.

Der Putz innen muss wohl ab, das stand zu befürchten, frühes Trocknen hin oder her.

Der Estrich ist Zement-Estrich, das wusste ich schon. Frage war, wie die Brühe unten drunter aussehen würde. Und da könnte es sogar reichen, nur zu trocknen. Spart »minimal« Aufwand, also bitte Daumen drücken. Timothy kommt am Dienstag zum Gutachtertermin, dann wird das Thema erörtert. Wenn wir trocknen können, blieben Estrich, Fußbodenheizung und Dämmung drin, bei den Fliesen muss man sehen, davon gehen mehr als genug drauf, allein durch die Bohrungen, und viele davon sind schon angekratzt.

Mitten im Geschehen tauchten dann die Männer von den Stadtwerken Bonn auf und spritzten den Haupt-Stromkasten aus. Rest hatte ich eh schon gekärchert, jetzt kann also mein Elektriker ans Werk, dann hätten wir, wenn es denn irgendwann Strom gibt, mindestens mal die Chance, schnell eine Starkstromleitung ins Haus zu werfen, das reicht zum Trocknen und für alle sonstigen Arbeiten. Ginge also voran.

Ansonsten bleibt unser Skoda vermisst, bis heute über keines der Portale zu lokalisieren. Meine unglaublichen Schwiegereltern sind gerade auf einer 1.000 Kilometer-Tour (eine Strecke), um den adäquatesten Ersatz für ihn abzuholen. Nicht, dass sich die Versicherung (»Kann bis zu einer Woche dauern«, wir erinnern uns) schon mal gemeldet hätte, geschweige denn wir das Geld dazu selbst hätten. Man ist über die Maßen privilegiert, dass man sich dennoch keine Sorgen machen muss und erst mal ein neues Auto hat. Und wieder die Frage: Wie sollen das Leute machen, die ein neues Auto nicht nur schnell brauchen, sondern auch direkt bezahlen müssen? Wir müssen uns echt mal Gedanken über die Geschwindigkeit von Versicherungen machen!

Hier also unterm Strich wirklich alle Zeichen auf Go! Ich kann weiß Gott nicht klagen.

Hört sich super an, oder?

Ist es auch.

Es bleibt dennoch bei allem, was gut läuft, ein fader Beigeschmack, nicht nur, weil der sich tagsüber im Mund sammelt ob des Staubs, der immer noch alles dominiert, wenn es nicht gerade kurz regnet.

Ich vermisse meine Frau! Ich vermisse meine Kinder! Und ich vermisse das Leben, das ich eigentlich gerade hätte. Wir wären jetzt den vierten Tag in unserem Ferienhaus, dieser Oase der Stille, würden Kraft und Ruhe tanken, ich würde mich von – im Vergleich hierzu!! – entspannten Büroarbeiten erholen, wir würden kühles Helles trinken und uns Tag für Tag überlegen, was wir Tolles mit den Kindern unternehmen könnten.

Ich weiß das alles, ich lasse es nur nicht allzu sehr an mich ran. Es würde doch nicht helfen? Wenn hier alles läuft, wenn ich nichts mehr tun kann, als den Profis die Arbeit zu überlassen, wenn es nicht nur Wasser, sondern auch Strom gibt, und ich weiß, alles andere hat Zeit. DANN will ich Urlaub machen, und ich hoffe, er wird genauso, als wenn dieses unfassbare Ereignis hier nicht gewesen wäre.

Und wenn wir irgendwann die Kinder zum ersten Mal wieder in unser Haus bringen, dann hoffe ich, dass der Anblick ihnen vielleicht den Hauch von Abenteuer vermitteln wird, vielleicht auch Neugierde, aber das soll es denn auch gewesen sein. Dafür arbeite ich erst mal weiter. Und das lohnt sich auch!

Bis bald, Freunde. Bleibt alle aufrecht!

Es ist natürlich, objektiv betrachtet, völlig übertrieben, wie sehr ich es gefeiert habe, die eine oder andere Schraube richtig anzuziehen. Aber so war die Lage. Ich bin ein Beamter, und wenn ich etwas repariert haben muss, rufe ich jemanden an, der das kann. Dumm genug, würde ich sagen. Diese Lage hat mir verdeutlicht, dass es eigentlich wenig gibt, was man nicht selbst tun kann, wenn man den Willen und zumindest guten Rat auf Abruf hat. Ich habe mir fest vorgenommen, diese Tage nicht zu vergessen und nicht mal mehr für mich, aber für meine Kinder das Thema »Do it yourself« viel deutlicher in den Vordergrund zu rücken als bisher.

Die Trocknung des Hauses, das war ein Abenteuer mit Höhen und Tiefen. Die erste ermutigende Prognose hat sich später, wie Sie noch lesen werden, als arg optimistisch entpuppt. Aber es war ein tolles Gefühl zu wissen, dass das richtige Handeln ab dem ersten Moment uns viel Kummer erspart hatte.

Meine Familie war nun schon eine Woche lang weg, und das war das Schlimmste! Sieben Tage, wer tut sich so was freiwillig an? Klar, es war für alle besser, aber dass man leiden muss wie ein Hund, das hätte man sich gern gespart. Und ich wusste ja, es würde eine weitere Woche dauern. Wenn alles gut liefe. Hätte mir jemand in meinen 30ern erzählt, dass ich mal eine Familie haben würde, die mir so sehr fehlt, wenn ich sie eine Weile nicht sehe, ich hätte ihn für bekloppt erklärt. Was für ein Segen. Eigentlich. Aber nicht, wenn die alle weg sind.

Meine Schwiegereltern waren einfach großartig. Ich wiederhole mich sicher auch in dieser Hinsicht, aber es gibt so viele Klischees, was Schwiegereltern angeht, da muss man auch mal doppelt in die Kerbe hauen! Uns in finanziellen Fragen auszuhelfen, das war das eine. Wichtig genug, aber das war nicht der Punkt. Einfach zu wissen, dass sie da sind, dass meine Familie bei ihnen sicher und glücklich ist, dass sie sich kümmerten, uns Dinge abnahmen, wochenlang den Lärmpegel unserer durchaus lebhaften Kinder ertrugen, in einer Phase, in der sie selbst ganz, ganz sicher viel Ruhe gebraucht hätten. Das war eines der größten Geschenke in diesen Tagen.

Von all dem abgesehen: Leckage-Ortung, wie unglaublich geil ist das? Ich lache heute noch jedes Mal, wenn ich daran denke!

Müde, irgendwie grund-zermatscht und urlaubsreif.
Aber es geht voran, Stück für Stück!
Die letzten Tage haben einiges an kleinen Wundern bereit-
gehalten, teils auch Spaß gemacht und unter dem Strich das
Hoffnungsbarometer wieder weiter nach oben getrieben.
Groß gefeiert habe ich, dass ich, am 14. Tag nach seiner
klammheimlichen Verabschiedung über Nacht, auf der
eingerichteten Internetseite erfahren habe, dass nun end-
lich der Skoda gefunden wurde! Wo, wollt ihr wissen?
Gute Frage, weiß ich nicht. Wo er steht? Selbe Antwort.
Denn die entsprechende Firma hat da eine kluge Internet-
seite eingerichtet. Man erfährt darauf zwar nix zu seinem
Auto, aber man kann all seine Daten samt Versicherungs-
und Schadensnummer hinterlassen. Wozu? Keine Ahnung,
aber ich hoffe mal, damit sie den Rest mit der Versiche-
rung direkt klären und ich wenigstens das erspart kriege.
Die Mail der Firma, die ich erhielt, nachdem ich meine
Daten eingegeben hatte, und in der ich gebeten wurde,
online einen Termin auszumachen, habe ich geflissentlich
an meine Versicherung gesandt, die sich bis heute immer
noch nicht gerührt hat. Nun ja, einen Termin zur Besich-
tigung hätten sie jetzt immerhin. Montag 8 Uhr. Ich weiß,
ich bin teuflisch! 😈
Ganz anders übrigens die Erfahrung mit Firma Schäfges
in Kaisersesch, bei der unser alter Dacia steht (Foto anbei,
er starb aufrecht!).

Freundlicher Telefonkontakt, man wartet dort, bis der Gutachter sich bei ihnen meldet, wünscht mir viel Kraft. Geht also auch so.

Die Autofragen sind also erst mal auf den Weg gebracht, ich rechne fest mit der Kohle etwa zu Weihnachten.

Apropos Kohle. Nachdem ich freitags unserem Regulierer eine Sprachnachricht sandte, in der ich ausdrückte, dass ich mich aktuell angesichts der Diskrepanz von gut 40.000 Euro Kostenvoranschlägen und exakt NULL Euro Kohle auf dem Konto eher unversichert fühle und er mir dieses Gefühl gern nehmen dürfe, erhielt ich schriftlich Nachricht, dass ich schon mal 18.000 Euro überwiesen bekomme. Das reicht, um die Fenster zu zahlen – die Firma *bestellt nämlich erst, wenn sie das Geld hat – und vielleicht noch chic bei* Burger King *essen zu gehen. Aber wer wird sich beklagen? Oh, hatte ich erwähnt, dass die* Provinzial*-Kunden allesamt erst mal* 50.000 *Euro auf ihr Konto bekamen, blanko? So würde ich mir das auch vorstellen, aber meine Versicherung ist offenbar eher in der Beamtenwelt unterwegs. Die Kostenvoranschläge »habe ich alle an das Sachverständigenbüro geschickt. Diese können beim Ortstermin entsprechend besprochen werden.« Ich übersetze mal: »Ich hatte Ihnen zwar gesagt, dass Sie alles gern zügig selbst in die Hand nehmen sollten, aber jetzt warten wir doch erst mal ab, ob der Gutachter nicht am Ende sagt, eines der Fenster ließe sich für 100 Euro weniger noch reparieren, vorher gibts grad mal gar nix.« Kann man so machen. Geiler ist halt der* Provinzial-move!*

Ich bin übrigens auch gespannt, wie die Hilfe, die ich heute mal in Stunden aufgelistet habe, am Ende zu Buche schlägt. Habe von Tag eins an notiert, wer da war, wie lange und mit welchen Mitteln (insbesondere die zwei Minibagger, der Lkw und der Unimog in den wichtigen frühen Tagen). Allein gut 500 Stunden (!) kamen zusammen. Freunde, Verwandte, Bekannte und deren Freunde. Irre! Würde gern was an all diese lieben Menschen zurückgeben. Bleibe also gespannt, ob und was meiner Versicherung die Hilfe wert ist.

Im Haus ist die Lage so solide, wie sie sein kann, glaube ich. Da die Stadtwerke Bonn zwischenzeitlich den Strom für den größten Teil meiner Straße wiederherstellen konnten, hat der fabelhafte Erik, unser Elektriker, gestern Mittag mittels (erlaubter!) Zählerüberbrückung und 16A-Dose meine Augen ordentlich zum Leuchten gebracht. Nach und nach geht es den Nachbarn ähnlich, wir können also morgen das 27 Kilowatt-Aggregat verlagern, denn es gibt noch gewaltige Flächen, die unser Glück nicht haben und dringend irgendwoher Strom brauchen (der auch Bautrockner, Hiltis und anderes schweres Gerät ans Laufen bringt).

Mit Speedy habe ich gestern endgültig auch die letzten übersehenen Ecken von Schlamm befreit. Schon mal versucht, Leerrohre zu reinigen, die vermutlich locker erst mal einen Meter oder mehr in die Tiefe gehen, bevor sie abknicken, und die voller Schlamm sind? Nicht? Dann lasst es auch, wird total überbewertet, das.

Zudem alle Steckdosen ausgespült, Bauschaumreste aus den Türrahmen gekratzt, den Boden im Klo-/Waschbeckenkasten gesäubert, den ich kürzlich freigehämmert hatte, und, auch ein Job zum Karneval feiern, Scheibenreste an den Fenstern entfernt, zwischen denen noch Schlamm ist. Schutzbrillen sind eine weise Investition, Freunde, ich sag's euch. Heute habe ich dann alle Böden mit Desinfektionsreiniger fertig gewischt. Sieht aus wie geleckt, der Boden. Keimfreier gehts also nicht mehr. Bis heute keine Stockflecken zu sehen. Wenn das so bleibt, und gemessen auch an anderen positiven Erfahrungen im Trocknungsprozess, könnte der Gutachter vielleicht (nur vielleicht, wissen tut das noch niemand) am Dienstag zu dem Schluss kommen, dass weder Boden noch Putz raus müssen. Das wäre so mein Traum. Ihr werdet es erfahren.

Zukunftsplanung. Ein Thema, das mehr und mehr in den Kopf drängt.

Best Case Szenario: Wir leben bis November, Dezember hier im Weingut im Ferienhaus und können dann in ein trockenes, renoviertes Haus mit Fenstern und Türen zurück.

Ohne Hausstand beziehungsweise mit dem, was man an Hausstand irgendwie zusammenbekommt, aber, sollte das Szenario eintreffen, sicher dennoch absolut glücklich. Alle, die auf Gas angewiesen sind, dürften dieses Glück nämlich per se schon mal nicht haben. Oder frieren müssen.

Worst Case ist schwer zu prognostizieren, denn wer weiß schon, ob Fenster und Türen wirklich »nur« zehn bis zwölf Wochen brauchen? Ob man im Herbst Verputzer findet. Farbe dürfte hoffentlich zu kriegen sein. Wie das Haus dann aussieht, wird sich auch zeigen. Für eine neue Küche reicht es bestimmt, alles andere ist erst mal egal. Satt Weihnachtsdeko aus dem Speicher geholt, dann füllt sich das Haus schon von alleine!

Was die Außenanlagen angeht, ist nur wenig wichtig. Aber Zäune schon, mit kleinen Kindern gehts nicht ohne. Ob der Kirschbaum überleben wird, den ich meiner Frau geschenkt hatte, weiß nur der Himmel. Der Liebstöckel, der ihr fast genauso heilig ist, treibt jedenfalls schon mal wieder aus wie blöde. Unverwüstlich, das Zeug. Wie unser Bambus. Also immerhin etwas Grün übrig. Das meiste ist hinüber. Nach drei Jahren akribischer Gartenpflege ein Jammer, und es fehlt einem gerade der Antrieb, die ganze Energie dafür noch mal abzurufen.

Zu guter Letzt ein Thema, das hier enorm um sich greift: Wut, bis hin zu Hass, auf die beziehungsweise den Menschen, der aus Sicht der meisten hier Verantwortung trägt, und bis heute nicht eingestanden hat, dieser nicht nachgekommen zu sein. Weder will noch könnte ich diese Gefühle noch anheizen. Aber ich stelle mir die Frage, was in jemandem vorgehen muss, der so fundamental versagt hat und dann nicht in der Lage ist zu sagen, dass genau

das der Fall ist und er sich, ohnehin anständig versorgt,
zurückzieht, um den Aufbau der Region jemandem zu
überlassen, der nicht derart vorbelastet an diese gewaltige
Aufgabe gehen müsste? Kann mir das irgendwer erklä-
ren? Ich kann es nicht. Aber gut, wird ja auch seit vie-
len Jahren auf höchster Ebene so vorgelebt. Meins wäre
das dennoch nie.

Genug für heute. Es ist 18.30 Uhr, ich fahre jetzt zum
abendlichen »Wasserleeren« und kurzen Lüften ins Haus,
dann bin ich mit dem Winzer verabredet zum Kinoabend
in seinem Männer-Spielzimmer, das jedes Kino blass aus-
sehen lässt. Man muss sich auch mal gönnen. Filmvor-
schläge werden bis 20 Uhr angenommen, ausgeschlossen
sind 2012, Armageddon, Titanic und überhaupt alles, was
Weltuntergang oder zu viel Meer im Plot hat.

Bleibt aufrecht!

Der Film war *Crazy, stupid, love*.
Es ist immer *Crazy, stupid, love*!
Keine Ahnung, wieso der Winzer und ich von dem
Streifen nicht loskommen, aber er ist nun mal der
Hammer.

Das mit den Versicherungen war ein Thema, das mich
immer noch nicht loslässt. Es kann und darf doch nicht
sein, dass es unabhängig vom weitgehend identischen
Inhalt der Policen dem Zufall überlassen bleibt, ob
man eine Versicherung erwischt hat, die erst mal
Geld schickt, oder eine, die schlaue Sprüche macht
und Korinthen kackt? Das mit den 18.000 Euro war
allerdings noch nicht alles, der richtige Knaller kam

erst noch. Da warten jedenfalls noch einige Wechsel-vorgänge auf uns, wenn alles vorbei ist, so viel ist klar.

Sie haben sicher mit Freude gelesen, dass unser Haus zum 1. August quasi in Topzustand war, alles super trocknete, und wir also die totalen Kings waren? Irre, wenn man so was im Nachhinein selbst lesen und sich wundern muss, wie beknackt man sein kann ... Dabei hätte ich es wissen können. Wir hatten wirklich jede denkbare Ritze ausgespült, Speedy und ich. Natürlich fiel uns auf, dass der Schlamm selbst an Stellen gekro-chen war, in denen man nicht einmal Luft vermutet hätte. Natürlich hat man, selbst wenn man wie ich in Bio, Physik und Chemie nie über eine Vier minus hin-auskam, rudimentäre Grundkenntnisse, die einen in die Lage versetzen, sich auszumalen, wie es demnach unter den glänzenden Fliesen aussehen dürfte. Aber man verdrängt das, glauben Sie mir. Es sieht alles so hübsch aus, es ist Ihr Zuhause, Sie wollen da schnell wieder rein, mit Kind und Kegel. Da wird der ratio-nalste Mensch zum Hofnarren. Sie ahnen also, was kommen wird ...

In Sachen der beschriebenen Wut und dem teils sehr offen artikulierten Hass allerorten passt die Schlag-zeile, die einen Tag zuvor die *FAZ* gebracht hatte:

»Kreis Ahrweiler wurde präzise vor Flut gewarnt«

Sie haben keine Vorstellung, was im Tal abging, als diese Nachricht kam. Hier schrieb die *FAZ*, kein Boulevardblatt. Das Landesamt für Umwelt als Quelle war auch nicht irgendeine Klitsche. Selbst völlige Laien mussten jetzt wissen, dass es keine Entschuldigung für das Versagen am 14. Juli gab.

Mir bleibt schleierhaft, wie man nicht spätestens an so einem Tag seinen Hut nehmen kann. Ich bin jedenfalls froh, dass es bei den Menschen bis heute bei der, wie es im Fachjargon so schön heißt, »Impulsabfuhr« durch verbale Exzesse blieb. Davon allerdings gab es reichlich.

DIENSTAG, 03.08.2021

Heute war der Gutachter da …

Schon mal ein KfW-55-Haus gebaut? So richtig nett, mit allerlei Schnickschnack wie Luftwärmepumpe, Be- und Entlüftungsanlage und so? Wo man in der Außenwand gern mal Steine hat, die die Dämmung innen drin haben? Genial, sage ich euch! Da heult der Versorgungsbetrieb, so sparsam sind die.

Bis eine Flut kommt!

Und die Dämmung in der Außenwand feucht wird.

Ich will euch nicht mit Details langweilen, also direkt zum Ende der langen Unterhaltung mit dem Gutachter: Wir könnten

a) eine Firma suchen, die uns Meter für Meter die unteren zwei bis zweieinhalb Meter des Hauses neu aufbaut. Die vermutlich erstens nicht zu finden sein wird und zweitens teurer wäre als Variante

b) abreißen und neu bauen (oder das Geld nehmen und woanders was kaufen) oder

c) den Versuch unternehmen, unser Haus durch monatelange Trocknung der Mauer zu retten, um dann einige Jahre in der Unsicherheit zu leben, ob die – mangels eines Jahrhundertsommers im Sinne von Sommer, Sonne, Cabrio – dennoch vielleicht noch hier, da oder überall zu feuchte Dämmung in den Mauersteinen nicht doch eines Tages durchschlägt, wir Stockflecken sehen und am Ende doch den Zonk in Tor b) wählen müssen. Dann zwar immer noch Versicherungsschaden, aber will sich das einer vorstellen?

Spannende Frage, oder? Was würdet ihr tun?

Wir haben jetzt ein paar Tage Zeit, um drüber nachzudenken, während die Trocknungsmaschinerie im Haus auf Vollgas läuft, Putz und Estrich am Ende doch raus müssen (wegen der bestehenden Restrisiken, mit denen man einfach nicht leben sollte) und ich mich morgen endlich zu meiner über alles geliebten Familie begebe, die ich nie so sehr brauchte wie eigentlich schon heute Abend. Aber es ist ein Lichtblick, und auch das werden wir schaffen, wie auch immer wir uns entscheiden. Denn, wie meine Frau so gerne sagt: Das Größte, das sind wir! Und das beweisen wir dem Schicksal auch. So!

Auch sonst war einiges los, und auch wenn mir die Kraft zum Schreiben gerade eher abgeht, versuche ich es doch. Warum, dazu am Ende mehr.

Stellt euch vor, ihr seid in der totalen Krisenregion, habt ein 27 Kilowatt-Aggregat, das viele Menschen glücklich machen kann, und braucht es nicht mehr, weil um euch herum nun endlich alle Strom im Haus haben. Ihr würdet folgendes tun: den Winzer fragen, wer das Teil jetzt sinnvoll brauchen könnte. Gesagt, getan. Nach wenigen Telefonaten stand fest, dass der glückliche Gewinner aus Rech kommt, in einem kleinen Familienweingut verantwortlich und dort extrem dringend auf ordentlichen Strom angewiesen ist. Ihr würdet euch freuen, dass wieder jemandem geholfen werden kann, den Abtransport organisieren – um dann festzustellen, dass ihr den einzigen Zündschlüssel für das Teil verloren habt.

Seid mal sicher, ich hab' seit 14 Tagen nicht so viel gegessen, wie ich ... ihr wisst schon.

Das Ende vom Lied nach langem Absuchen, vielen Versuchen mit vielen, vielen alten und jungen Maschinenschlüsseln sowie Telefonaten mit der Firma Atlas Copco *(kauft bei denen, was ihr könnt: sensationell hilfsbereit!), die euch – nach der Feststellung, dass es für Aggregate aus 1990 (sic!) keine Ersatzteile im Bereich Schloss/Schlüssel mehr gibt – durch Studium von »Bleib dran, ich muss mal oben nach den alten Akten wühlen« – Ordnern tatsächlich die Schloss-, Schlüssel- und Schlüsselteilnummer gibt, war: Schloss und Schlüssel sind von* Komatsu. *Die zuständige Dame im Homeoffice (die Kinder haben sie verraten, hab' das sehr gefeiert, Kinderlachen wirkt!) erkannte auch die Nummern als* Komatsu-eigene und *wollte zurückrufen, wenn sie sich durchgefragt hätte. Bisher leider Fehlanzeige, aber ich hoffe weiter. Strom ist und bleibt eine sehr wichtige Ressource hier im Tal! PS: Falls jemand richtig Ahnung hat und so ein Schloss mit allem Drum und Dran einfach durch ein neues ersetzen kann: Feuer frei, ich stelle gern den Kontakt her. Muss nur schnell gehen.*

Bei der Firma, die unseren Skoda hat, war ich auch, bin total versöhnt, super nett, kompetent und pragmatisch, die junge Mitarbeiterin. Den Rest darf jetzt die Versicherung erledigen, mit der mich allerdings für den Rest meines Lebens rein gar nix versöhnen wird! Tag 18, und nicht! einmal! ein! Anruf!!

Hier im Tal greift jetzt langsam die Mistgabelstimmung um sich (Ihr erinnert euch an das Ende von Frankensteins Monster?), was man diversen regionalen und überregionalen Medien auch entnehmen kann. Ich zitiere mal keine O-Töne, da zu viele hart an oder über der Strafbarkeitsschwelle liegen. Und verstehen tue ich sie alle, das ist das eigentlich Erschreckende daran. Noch mal: Steht, verf…t noch mal, zu eurer Verantwortung, jedenfalls wenn euch irgendwann nur noch blanke Wut, Hass und Verachtung entgegenschlagen!

Zum guten Schluss dann aber doch noch etwas Versöhnliches oder jedenfalls aus meiner Sicht Positives:

Mein Verlag bastelt gerade am Vertrag, das Exposé steht heute Abend: Es wird ein Buch geben, und zwar, so schnell es geht! Mit all dem, was ich hier geschrieben habe, retrograd kommentiert und ergänzt (und natürlich lektoriert). Die Kraft kriege ich irgendwie trotz allem aufgebracht. Muss ich; denn was das Ding abwirft, wird gezielt in Hilfe investiert, meiner ersten Idee nach unter anderem für die Fördervereine von Schulen und Kitas, die damit insbesondere Bücher für die Kinder beziehungsweise ihre Bibliotheken kaufen können (am besten dann bei Jessica, die muss irgendwann ja auch wieder neu starten!). Diese Details klären wir alle noch, wichtig ist: Aurorenanteil wird komplett gespendet, und der Verlag legt ganz bestimmt auch noch was drauf (kann jetzt hier nicht für Gmeiner sprechen). Danke, Gmeiner-Verlag, dass ihr euch so schnell dafür entschieden habt, und ich hoffe, wir kommen damit groß genug raus, dass es sich für die gute Sache wirklich lohnt! In diesem Sinne, all ihr Medienmenschen, die ihr ab und an bei mir mitlest und vielleicht bis hier gekommen seid: Unterstützung wäre absolut hilfreich! Ich verspreche euch, das Buch wird nicht ganz schlecht. Vielleicht mag ja jemand Überzeugungsarbeit in der Redaktion leisten? Gmeiner freut sich sicher über Anfragen.

So, jetzt packe ich meinen Koffer, nehme die »Lukes Diner«-Tasse meiner Frau mit, damit sie ihren heißgeliebten Kaffee endlich wieder aus ihrer Lieblingstasse trinken kann, freue mich unendlich auf sie und meine beiden Knuddelmonster, und morgen wird ein neuer Tag. Ein besserer Tag!

Seid mir nicht böse, wenn bis Sonntag nichts Großes an Text kommt, die Prioritätensetzung dürfte sich von selbst erklären. Jetzt gibt's erst mal Liebe. Sehr, sehr viel!

Bis bald

Der Dienstagabend war, nach der Ansage des Gutachters, wirklich schlimm. Der Mann war sehr nett, offen und uns insgesamt durchaus gewogen, das machte es noch schlimmer. Ich hatte ihn am Ende des Gesprächs gefragt, wie er sich in meiner Lage entscheiden würde. Er sagte, er würde auf keinen Fall abreißen. Klare Ansage. Dann kamen aber Leute aus meinem Nahbereich, die zum Abriss rieten. Und am Ende geht man ins Bett, weiß, dass man ab dem nächsten Tag endlich ein bisschen Familienzeit haben könnte, stattdessen aber die bislang härteste Entscheidung seines Lebens zu fällen hat. Schlafen kann man dann nicht wirklich, das weiß ich noch. Und der Freund, den ich an dem Abend unbedingt gebraucht hätte, war im Urlaub und nicht ans Handy zu kriegen: Mario, unser Bauleiter. Wie ich ein Pragmatiker. Er würde wissen, was zu tun ist. Wenn er nicht dummerweise gerade weinselig irgendwo am Strand sitzen und die Abendstimmung genießen würde. Half also nichts, ich musste warten. Den Schlüssel für das Aggregat habe ich bis heute nicht gefunden. Und auch wenn mir schleierhaft bleibt, wieso man für ein so großes, so teures und auch so altes Teil nur einen Schlüssel haben kann (natürlich hatten wir auch das erst mal abgeklärt), hilft es nichts, ich hab's vermasselt. Ich erfuhr zum Glück später, dass sie das Aggregat in Dernau irgendwie doch ans Laufen bekommen haben. Wie, will ich gar nicht wissen. Den scherzhaften Hinweis, man könnte in Rheinbach durch die Justizvollzugsanstalt laufen und nachfragen, wer sich die Aufgabe zutraut, fand ich damals sehr witzig. Wer weiß, vielleicht hat da ja jemand an seiner Rehabilitation gearbeitet. Das hat mir auf jeden Fall nachträglich ein bisschen Frieden gebracht, denn so viel verschwendete Energieversorgung wäre ein Trauerspiel gewesen.

Damals allerdings, an diesem Dienstagabend, kam das Thema noch »on top«. Völlig kaputt, müde, mit trüben Aussichten und leichtem Schuldgefühl wegen des blöden Schlüssels fuhr ich mittwochs in den Süden, um meine Frau und meine Kinder endlich wiederzusehen. In der Hoffnung, dass allein dadurch alles wieder gut würde.

SONNTAG, 08.08.2021

Alles wird gut.

Das jedenfalls steht fest.

Nix wird hier abgerissen, Abriss am Popo!

Aber der Reihe nach ...

Mittwoch – nach dem Haus Lüften/Trockner Leeren und Reifenwechseln – bin ich zu meiner Familie gefahren, und ich kann euch nicht beschreiben, wie schön es war, die drei am Bahnhof Freiburg stehen zu sehen. Ich könnte lügen und behaupten, ich wäre total tapfer gewesen, aber natürlich habe ich geweint. Wie auch nicht? Seht ihr mal zwei volle Wochen die drei Menschen nicht, die eurem Leben erst eine Bedeutung geben. Es gibt vielleicht Leute, die das können. Ich gehöre nicht dazu und ich werde es, weiß Gott, auch nie freiwillig ausprobieren.

Ich hatte mir vorgestellt, dass die Kinder erst einmal fremdeln würden. Dass sie weinen könnten, wie die Kleine das tat, als ich sie an ihrem allerersten Weihnachtsfest geschlagene zehn Tage allein lassen musste, weil in Berlin eine andere Katastrophe stattgefunden hatte. Aber nichts dergleichen. Die Kinder haben sich gefreut, sie waren glücklich, Papa war da, hoch die Hände, Wochenende. Wie gut so was der Seele tut, kann man vermutlich auch niemandem so leicht erklären. Und groß sind die beiden geworden, poah ...

Zu den vier Tagen mit meiner Familie gibt es nur wenig zu schreiben, denn vom Glücklichsein berichtet es sich immer schwer. »Papa knuddeln« war ganz klar meine Lieb-

lingsbeschäftigung, die mir auch unglaublich oft angeboten wurde. Außerdem habe ich seit dieser Nacht nicht mehr so gut geschlafen wie jetzt in dem vertrauten Zimmer in diesem vertrauten Haus im Schwarzwald, inmitten meiner drei. Die Tage flogen zwar und waren nie ohne »Arbeit«, aber wir waren spazieren, haben den Spielplatz unsicher gemacht, gingen shoppen (und wie genial ist das? Meine heiß geliebte Lederjacke geht im Schlamm unter, und Esprit bietet mir einen Ersatz, der so cool und dabei so günstig ist, dass ich nicht Nein sagen konnte! Schicksal!) und haben einfach uns genossen. Unterstützt durch meine geliebten Schwiegereltern, die uns schon so viel gegeben haben und dennoch nicht müde werden, uns weiter mit allem zu unterstützen, nicht zuletzt mit ihrer Geduld.

Ich habe im Ergebnis meine gesamte Kraft zurück, meinen Willen, meine Hoffnung. Soll mir keiner erzählen, dass irgendetwas anderes als Liebe so was schafft. Danke, ihr drei, dass es euch gibt, dass ihr ohne mich die Stellung haltet, und dass ihr gemeinsam das Maximum an Normalität lebt, das jetzt möglich ist. Alles andere schafft Papa dann schon.

Nun zur alles entscheidenden Frage: Wie hältst du's mit dem Hause? (Beim Faust hatte ich 14 Punkte.)

Das erlösende Gespräch hatte ich schon Mittwochabend. Als ich Mario, einen meiner ältesten Freunde und zudem Bauleiter unseres Hauses, erreichte, hat er mir den Zahn mit dem Abriss schnell gezogen. Denn doch, es ist möglich, das Erdgeschoss-Mauerwerk Stück für Stück, jedenfalls in weiten Teilen, abzutragen und neu zu bauen; Statik-Anforderungen wie Ringanker et cetera sei Dank. Ob das die beste Lösung sein muss, dazu später mehr, aber wich-

tig war: *Wir wussten, das Haus wird stehen bleiben! Was kann also jetzt noch schiefgehen?*

Über das Wochenende gab es dann noch mehrere Gespräche. Mit Mario, mit dem Gutachter, mit Timothy, unserem Trockner. Und dann, als wir schon bei »Teile, wo es einfach ist, neu bauen, Rest gezielt trocknen« waren, sprach ich mit einem mit Cousinchen Melanie befreundeten Bauingenieur, der eine weitere Lösung ins Spiel brachte, die uns deutlich besser gefällt. Machbarkeit wird sich im Verlauf der Woche klären.

Sie bestünde aus drei Komponenten: erstens trocknen, so gut es geht. Zweitens innen keinen Gipsputz mehr, sondern, um das Risiko von Feuchtigkeit/Schimmel zu erledigen, Kalk- oder Lehmputz. Drittens außen eine komplett neue Dämmung drauf, um den Dämmwert wiederherzustellen und erst gar keine Wärmebrücken aufkommen zu lassen. Ich bin sehr gespannt, was der Gutachter und der Regulierer dazu sagen, aber wir wären totale Fans dieser Lösung. Ich berichte nach.

Was noch?

Frau B. – die nette Dame im Homeoffice bei Komatsu – rief mich an und war völlig zerknirscht. All ihre Bemühungen (und es hat ja ein, zwei Tage gedauert, wenig kann es nicht gewesen sein!) waren umsonst, es gibt bestenfalls in Amerika oder Japan noch Teile für das Aggregat beziehungsweise dessen Schloss. Das ist ein absoluter Jammer, denn Strom ist immer noch Mangelware. Aber wer weiß, vielleicht kann ein fähiger Elektroinstallateur das Ding am Ende ja doch austauschen. Es sind schon ganz andere Wunder geschehen an der Ahr in den vergangenen Wochen.

Ach ja, der absolute Hit: Am Donnerstag, also nach immerhin drei Wochen, rief der Regulierer der Autoversicherung an. Der war allerdings sehr nett, also war auch ich versöhnlich drauf (zumal ich seit Mittwochabend ja schon dieses »GeildasHausbleibtstehnschaaaalalalalaaaaaaa ...«-Feeling hatte). Der Gutachter wird sich um die Besichtigung der beiden Fahrzeuge kümmern, Anzahlung kommt (ist sogar schon drauf. Reicht immerhin für den halben neuen Sokda, aber wer will schon meckern?).

Apropos Versicherungen. Da weiß man ja wieder nicht, ob man lachen oder heulen soll. Bei derzeit circa 70.000 Euro an Kostenvoranschlägen hatte ich doch kürzlich sensationelle 18.000 Euro überwiesen bekommen. Die Voranschläge, wie berichtet, sollte ich vergangenen Dienstag mit dem Gutachter besprechen. Der – da wäre man nie drauf gekommen! – natürlich nichts weiter getan hat, als die Kostenvoranschläge zu bestätigen, die ja auch noch nicht alles sind. Der Gutachter gab mir dann aber noch zwei Infos, die, und da kommt der Punkt, wo man nur noch lachen kann, perfekt aufeinander aufbauen. Erstens bekomme ich einen neuen Regulierer, da der erste (Was man so alles nicht weiß im Leben!) quasi nur bis 50.000 Euro Prokura hat, ich brauche aber einen »Großschadensregulator« (Der Titel ist geil, da lasse ich keine zweite Meinung gelten!). Okay, dachte ich, aber 50.000 wären ja auch schon mal was. Aber zweitens – auch hier ist er's wieder wert: Trommelwirbel! – ist mein Regulator im Urlaub.

Im Urlaub!

...

Ich kann so nicht arbeiten!!

Aber was hilft's, ich bin ja ausgeliefert. Ich warte also, bis der GSR (das bitte englisch aussprechen, dann wird der Titel auch als Kürzel richtig Hammer) sich meldet und hoffe, es geht dann fix mit der Kohle. Falls nicht, wäre Bankraub eine Option, aber das beißt sich absolut mit Job und Wertvorstellungen!

So sieht's also aus:

Familie glücklich, Kinder so unglaublich stabil und fröhlich, dass ich meiner Frau niemals genug werde danken können!

Haus bleibt stehen!

Lösungen sind da, müssen nun nur diskutiert und entschieden werden.

Autos sind immerhin angezahlt.

Jetzt geht es in kleinen Schritten nur noch bergauf. Wir können gottlob für viele Monate im Ferienhaus beim Winzer wohnen (fünf davon zahlt die Versicherung, jedenfalls, sobald der Urlaub rum ist …), denn viele Monate wird es dauern, so oder so. Für die Baumaßnahmen haben oder finden wir ganz sicher die Firmen und Handwerker, die wir brauchen. Und der ganze Hausrat, der im Schlamm geendet ist, wird wieder aufgebaut, erst im Kleinen und vielleicht auch eine Menge davon gebraucht, aber auch das wird! Wir sind festen Willens, unser Zuhause nicht nur neu aufzubauen, sondern auch noch schöner zu machen, als es vorher war. Weil das Haus es wert ist. Und weil das Tal es wert ist, wir wollen nicht weg!

Jetzt, hier, auf der Rückfahrt ins Ahrtal (übrigens schon mal versucht, von Freiburg nach Norden zu kommen an einem Wochenende? Das geht. Per Bus!!!), bin ich vol-

ler Zuversicht, angefüllt mit der Liebe meiner Familie und gestärkt durch die Hilfe, die mir Familie, Freunde, Bekannte und auch mein Amt von Beginn an gegeben und angeboten haben. Und ich denke immer wieder an den schönen Chorus aus dem Lied, das mein Schwiegervater zu unserer Hochzeit geschrieben hat.

Treffender kann es doch gar nicht sein:
Habt euch lieb an allen Tagen,
Schwere Last gemeinsam tragen.
Lebt den Tag
Die Zukunft fest im Blick!
Machen wir so, Papa! Danke ♥

Interessant, wie schnell sich im Leben Dinge ändern und Stimmungen in ihr komplettes Gegenteil umschlagen können, nicht? Hätte die ganze Welt umarmen können, als ich damals zurückfuhr. Akku voll, schön in die Hände gespuckt und zurück, notfalls den gesamten Estrich mit der Hand abtragen. Das war so mein Sonntagabendfeeling. Und richtig schlecht ist meine Stimmung seitdem auch nicht mehr geworden. Es ist die Ungewissheit, die uns runterzieht. Wenn wir wissen, es gibt eine Lösung, und es liegt irgendwie in unserer Macht, ans Ziel zu kommen, welchen Grund gäbe es dann noch zu verzweifeln? Leider weiß ich, dass viele Menschen es dennoch taten. Dass es an Geld fehlte, an Kraft, an Zeit, am schieren Willen vielleicht. Die ersten Häuser tauchten in den Immobilienportalen auf. Menschen verließen das Tal, um nicht zurückzukommen. Und, das Schlimmste: Gerüchte machten die Runde, die in so manchem Fall zu Fakten wurden. Menschen, die nicht mehr konnten. Und aufgaben, endgültig. Das macht einen doppelt fertig. Dass nach dieser Katastrophe und den ohnehin schon unfassbar vielen Opfern, aller Hilfe und allen Angeboten auch psychischen Beistands zum Trotz Menschen es einfach nicht geschafft haben, da durchzukommen. Als hätten nicht alle schon genug gelitten gehabt.

In der Frage der Verantwortung gab es spannende Neuigkeiten, die ich an dieser Stelle gern noch einmal aufgreife. Am 6. August gab die Staatsanwaltschaft Koblenz bekannt, dass sie ein Ermittlungsverfahren gegen den Landrat des Kreises Ahrweiler eingeleitet habe. Unter anderem wegen fahrlässiger Tötung. Mein erster Gedanke war: Das machen die nicht, wenn sie damit nicht durchkommen. Klar, das ist eine plakative und durch nichts zu belegende Annahme meinerseits. Zu dem Ermittlungsverfahren hatte und habe ich nicht mehr Informationen als alle anderen Menschen im Tal. Aber ich bleibe dabei und hoffe wie jeder einzelne Mensch um mich herum, dass ich recht behalte.

Bereits am 3. August war zudem eine, wie ich finde, politische Bombe geplatzt, die ihresgleichen sucht: Die CDU-Bundestagsabgeordnete für unseren Wahlkreis positionierte sich, für politische Verhältnisse im Allgemeinen und innerhalb derselben Partei im Besonderen überdeutlich, gegen den CDU-Landrat.
»Es scheint, dass er das Vertrauen in Teilen der Bürgerschaft und der Verwaltungen verloren hat. Die Menschen wünschen sich Zuversicht und Mut für den Wiederaufbau unserer Heimat«, zitierte die *Rhein-Zeitung*.

Indirekt, so das Blatt, lege sie Landrat Pföhler damit den Rücktritt nahe.

Indirekt?, dachte ich nur. Die Aussage war eine Ohrfeige, die bis Berlin schallte! Um die Dimension des Gesagten zu verstehen, muss man sich nur daran erinnern, was es mit den Inhalten von Arbeitszeugnissen auf sich hat. Sie wissen schon, »stets bemüht«, »gesellig« und ähnliche Floskeln, die eine gänzlich andere Bedeutung haben als bei freundlichem Lesen anzunehmen. Meine Empfehlung: Entfernen Sie einfach den Konjunktiv und einschränkende Worte, dann lesen Sie die Botschaft, die gesendet werden sollte.

Und nun versetzen Sie sich in folgende Situation: Die Menschen, für die Sie verantwortlich sind, schwanken irgendwo zwischen Ärger und Hass. Die Staatsanwaltschaft ermittelt gegen Sie wegen fahrlässiger Tötung. Und die eigene Bundestagsabgeordnete legt Ihnen öffentlich und wenig verklausuliert nahe zurückzutreten. Was würden Sie tun?

Ich sage Ihnen, was ich tun würde: Ich würde zurücktreten, packen, weit wegziehen und beten, dass ich mich jemals davon erholen kann, in eine solche Lage gekommen zu sein. Oh, und mich Monate lang damit abmühen, einen perfekten Text zu verfassen, mit dem ich den Menschen im Ahrtal irgendwie begreiflich machen könnte, wie leid mir all das tut.

Verantwortung übernehmen hieße das. Konsequenzen ziehen. Einsehen, dass ich der Geisterfahrer bin, nicht alle anderen.

Was in der Realität geschehen ist, dürfte Sie nicht überraschen.

MITTWOCH, 11.08.2021

Vier Wochen ist es jetzt her, dass wir uns um diese Uhrzeit (es ist 22.30 Uhr) noch völlig sicher fühlten. Einen Tag später lag alles in Trümmern.

Wie die Zeit fliegen kann.

Als ich Sonntagabend nach der Rückkehr ins Weingut noch mal ans Haus fuhr, um zu lüften, war ich erfreut: Ein Räumkommando hatte die gefühlt vier Kubikmeter Bauschutt, die Timothy aus dem Boden des Gästezimmers gemacht hatte, schon mitgenommen, alles sah sehr ordentlich aus. Also, gemessen am allgemeinen Zustand überall hier.

Ich nahm mir vor, zeitig auch den Bürgersteig endlich sauber zu kratzen, denn Finkes gegenüber lagen an der Stelle schon vorn. Frechheit, wie das blitzte und vor allem scherbenfrei war.

Zurück im Weingut, rief mich Engelbert an, ein Hotelier aus der Stadt, der, wie so viele, erst einmal im Weingut gestrandet war, und lud mich auf einen Happen und einen leckeren Flutwein aus seinem Hotel ein. Barolo, wer könnte da Nein sagen? Mein Körper, am nächsten Morgen …

Dennoch, schöner Abend, das. Man ist nie allein hier, wenn man es nicht möchte, das tut gut.

Montags wollte ich dann Großkampftag bei den Behörden machen. Neuen Personalausweis beantragen, neue Führerscheine für meine Frau und mich, die beiden Autos abmel-

den. Ihr ahnt es: zu viel vorgenommen! Zur Ehrenrettung der lokalen Verwaltung, auf die gerne mal geschimpft wird, war sowohl der Herr auf der Stadtverwaltung im Bürgerbüro sehr nett und kompetent als auch die junge Dame auf der Kreisverwaltung bei der Führerscheinstelle. Nicht nett war die Warteziffer 96, die ich gehabt hätte, wenn ich dann auch noch die Autos hätte abmelden wollen. Nummer 43 wurde gerade aufgerufen, es war 20 Minuten vor Mittagspause. Ähm ... nein! Mache ich Freitag, dann kann ich gleich den neuen anmelden.

Apropos Auto: Ich fahre ja noch immer Stephans Golf, den ich leider doch nicht kaufen kann, da ihn jemand deutlich (!) nötiger hat als ich. Jetzt ist an dem Golf die Glühlampe vorne rechts hin. Aber glaubt ihr, man kann, wie das beim Golf 3 todsicher noch ging, einfach vorne dran und das Ding tauschen? Neee, da musste Ingenieur sein. Oder vermutlich ein durchschnittlich begabter Mensch ohne einschlägige Ausbildung, ich kann's jedenfalls nicht! Wobei, ich hab' meinen Wasserfilter getauscht, quasi der Endgegner für Beamte ... mal sehen, versuche ich vielleicht morgen.

Ich landete Tage später bei ATU. Fazit: doch, kann man selbst machen. Wenn man nicht vollständig unterbegabt ist.

Am Nachmittag habe ich ein bisschen Pause machen und schreiben können, abends hatte ich eine Einladung zu Marc und Sabine, das wurde auch sehr schön, lecker (Bolognese zum Niederknien) – und informativ. Wahnsinn, was die beiden auf die Beine gestellt haben, oft genug gegen Windmühlen kämpfend. Mandy habe ich bei der Gelegenheit auch kennengelernt, eine von so vielen Menschen, ohne deren Kraft und Engagement hier nach wie vor wenig bis nichts ginge.

Sabine, Marc, eine tolle Zeit wünsche ich euch bei eurem kleinen »Abenteuer« demnächst!

Dann kam gestern …

Um 7.15 Uhr im Haus zum Lüften, damit ich Punkt 8 Uhr bei Obi in Rheinbach die Benzinfräse abholen konnte. Die meine allerbeste aller Ehefrauen zwei Tage vorher schon reserviert hatte. Was ich nicht ahnte: Sie hatte nicht so ein Ding reserviert wie das, was ich damals in der Bauphase gekauft und nach drei sehr harten Tagen Arbeit erfolgreich verhökert hatte, Modell »Klein, aber bissig«. Nein, sie buchte mir ein Teil, das nur der Hulk allein ins Auto hätte wuchten können! Zum Glück hat der junge Obi-Angestellte sich erbarmt, und der Golf anschließend durchgehalten. Aber dann, nachdem Timothy den Ötti daheim mit mir rausgeholt hatte, war der Tag Freude pur! Ich taufte ihn »Jürgen«, Namensähnlichkeit mit Personen des politischen Lebens rein zufällig. Jedenfalls hab ich ihm ordentlich Feuer gegeben und ihm alles abverlangt, wüstes Schimpfen inklusive. Und fünf Stunden später war der Garten umgegraben. Hammer!

Zwischendurch war Markus da, der Bauingenieur, den Cousinchen Melanie Kuch mir vermittelt hatte. Kommt etwa 200 Kilometer angefahren, sieht sich alles an, gibt extrem weisen Rat (kann man im Ergebnis alles so machen, wie schon vorab besprochen, plus noch ein paar sehr gute Hinweise on top), möchte in drei, vier Wochen wiederkommen, um sich den Fortschritt der Trocknung anzusehen, und möchte, dass ich mir für den Tag überlege, wer viel-

leicht noch einen guten Rat vom Bauprofi vor Ort braucht.
Knaller!

Ach ja, ihr könntet euch fragen, warum ich den halben
Tag im Garten arbeite, als wäre Sommer 69. Das hat einen
wundervollen Grund, wie meist eine Idee meiner Frau:
Wenn die Kinder im September zum ersten Mal das Haus
wiedersehen, sollen sie wenigstens ein bisschen Norma-
lität vorfinden. Der Garten war klar ihre Domäne, und
eine Wiese zum Spielen sowie eine Terrasse, die nicht kom-
plett versifft ist, klang nach einem Versuch, der es wert ist.
Also, Garten umgegraben dank Jürgens Hilfe (da hinkt der
Namensvergleich dann schon: der hier half!). Anschließend
wollte ich die Terrasse noch freiräumen und den Splitt an
der Westseite von den Fantastilliarden Scherben befreien
und glatt ziehen. Hätte ich nicht mehr hinbekommen,
keine Kraft mehr. Irgendwie lässt der Körper schnell nach,
kurzer Urlaub, Erholung und Seelenfutter hin oder her.
Aber Frank kam ja nach der Arbeit, ein Kollege und Freund,
auf den ich mich sehr gefreut habe. Zusammen haben wir
auch das dann noch hinbekommen, kurz unterbrochen
von einem Mann aus der Stadtverwaltung, der mir das
Portemonnaie meiner Frau brachte, das auf dem leider völ-
lig zerstörten, kleinen jüdischen Friedhof etwa 200 Meter
weiter gefunden worden war. Klar kriege ich ihre Papiere
wieder, einen Tag, nachdem ich 'nen neuen Führerschein
beantragt habe. 😵

Wir schafften es schließlich gerade rechtzeitig, Jürgen um
19.50 Uhr bei Obi abzuliefern. Die Einladung zum Abend-
essen ließ ich natürlich auch hier nicht ungenutzt. Dabei
habe ich mir dann angehört, was in Grafschaft-Vettelho-

ven, einem Ort, den ich so gar nicht auf dem Schirm gehabt hätte, am 14. Juli abging. Wahnsinn! Ich hab' das Rinnsal gesehen, das dort fließt, da kann man definitiv nicht mal ein Playmobil-Boot schwimmen lassen. Sechs Meter hoch floss das Ding, man kann es echt nicht begreifen!

Zurück im Weingut, saß ich dann noch ein Stündchen mit Andre samt Familie bei seiner Mama, die – man ahnt es – auch im Weingut unterkam. Bis ich so müde wurde, dass ich hart an der Grenze zum »Zu müde zum Baden«-Stadium war, und wer mich kennt, weiß, das geht eigentlich gar nicht.

Übrigens interessant, dass ich, seit ich zurück bin, wieder schlechter schlafe und früher aufwache. Aber es reicht, sechs Stunden rum schaffe ich meist.

Heute dann der knallharte Tag. Um 08.30 Uhr sollte der Splitt kommen, was auch tatsächlich so war. Ich buckelte wie blöd, um die Terrasse voll zu kriegen, bevor der Mutterboden käme, um festzustellen, dass ich auch den Kampf verlieren würde. Dann hatte ich Tonnen an Mutterboden und locker noch eine Tonne an Splitt zu verteilen. Aber es half ja nichts.

Mir fiel irgendwann ein, dass ich gestern noch bis zu sechs Helfer angefordert hatte, über das Portal von Marc, https:// www.helfer-shuttle.de/betroffene. Für die Estricharbeiten drinnen, die Timothy allein an der Backe hatte. Ha, dachte ich, da frage ich einmal nach, und keiner hat Zeit. Pustekuchen! Irgendwann, der Splitt war verteilt, etwa ein Drittel der Erde auch, rief mich ein Mann an, der sagte, er könne mit vier Leuten vorbeikommen. Zehn Minuten später waren sie da. Zwei fitte Jungs, die direkt mal rein gingen und ochsten wie die Irren (keine Fliesen mehr, zack!). Und der ältere Mann, der mich angerufen hatte, mit zwei Mädels, eine aus Zürich, die andere aus Utah. Im Ernst! Mormonen, wie ich später auf den Shirts lesen konnte. Spannende Leute, die Mormonen. Und hilfsbereit ohne Ende! Das Ergebnis: Mutterboden verteilt, Gras ausgesät, gesprenkelt, zudem noch den uralten und kaputten Lavendel im Vorgarten rausgeholt und den Kirschbaum meiner Frau dort eingesetzt, also alles geschafft, um meine drei glücklich zu machen. Damit auch ich glücklich. Nebenbei endlich jeden Fitzel Müll aus dem Vorgarten gewühlt und – eat this, Finkes! – den Bürgersteig freigekloppt. Wie geleckt, sag ich euch.

Morgen kommen die fünf wieder. Bin zuversichtlich, dass wir sehr weit kommen.

Um 18 Uhr war ich dann so komplett alle, dass ich Timothy allein am Haus ließ und ins Weingut gefahren bin. Nach einer Sparta-Platte zum Abendessen (wo blieb heute der erlösende Anruf, verdammt!?) konnte ich mich endlich mal drei Stunden ans Schreiben machen. Der Verlag will am besten alles bis Mitte September, das wird eh sportlich. 😄 Aber elf Seiten kamen rum, bis Ende der Woche sollte ich einiges beisammenhaben. Wird schon.

Status also: Müde, reichlich schmerzende Körperteile, aber glücklich. Meine Kinder werden im Garten spielen können, wenn sie ihr Zuhause wiedersehen. ❤
Gute Nacht, Ahrweiler, gute Nacht, alle!

Bei allem Elend und der Kräftezehrung in der gesamten Situation war die plötzlich selbstverständliche und vollkommen unbefangene Nähe zueinander etwas

sehr Schönes. Von den Nachbarn, mit denen man sich ja nicht nur den Garten teilte, sondern auch alles, was irgendwie hilfreich war, bis hin zu Menschen, die man gar nicht kannte, die aber das eigene Schicksal teilten und daher nie auf die Idee gekommen wären, anders miteinander umzugehen als freundlich und vertraut. Alle wünschen sich, dass das so bleibt.

In einem Interview mit einem Betroffenen las ich, dass er davon ausgeht, die Mauern und Zäune zwischen den Gärten, die weggespült wurden, würden nicht mehr aufgebaut. Das halte ich zwar für etwas naiv, aber der Gedanke dahinter ist es ganz und gar nicht. Nimmt man die Mauern als Symbol für das Bedürfnis, so wenig wie möglich von seinem Umfeld mitzubekommen, wird ein Schuh draus.

Ich jedenfalls freue mich darauf, wenn wir wieder Zäune um den Garten herum haben, mit zwei Kleinkindern hat man sonst keine ruhige Minute. Aber ebenso sehr freue ich mich darauf, künftig öfter mal über den Zaun hinweg einen Plausch zu halten, sich weiterhin gegenseitig nützliche Dinge zu leihen, sich abzusprechen, wenn es etwas zu bauen gibt, und vieles mehr. Und ich freue mich darauf mitzubekommen, wie es den Menschen ergeht, die mit uns gemeinsam im Weingut »gestrandet« sind.

Und um das Ganze zu krönen, sind da natürlich die Helfer! Die Geschichten, die man erzählen könnte, würde man nur einen Tag lang beliebigen Betroffenen an der Ahr zuhören, wären endlos. Ich weiß nicht, ob es so etwas in diesem Land schon einmal gegeben hat, doch selbst wenn, wäre das nicht in einer Zeit passiert, in der viele von uns, mich eingeschlossen, uns eher für ein Volk von Egoisten gehalten haben. Ich muss mich jetzt gar nicht in Aufzählungen ergehen, sie wären sinnlos. Alle, wirklich alle Arten von Menschen halfen, und zwar auf wiederum jede erdenkliche Weise. Der Wahnsinn! Ein ganzes Land, und darüber hinaus Menschen aus aller Herren Länder, hilft dem kleinen, beschaulichen Ahrtal, irgendwie wieder auf die Beine zu kommen. Und, es wird wohl keinen geben, der das ernsthaft leugnet: Es wäre ohne diese Menschen nicht auf die Beine gekommen!

Mein persönlicher Höhepunkt war die Ankündigung der Band *Metallica* Mitte August. Die Einnahmen der neu aufgelegten, deutschlandexklusiven Single *Enter Sandman* werden über eine Stiftung in die Hochwasserhilfe eingebracht. *Metallica* hilft dem Ahrtal, das ist auf so vielen Ebenen fantastisch, das muss einem selbst in der größten Katastrophe Hoffnung machen. Die Single wurde *Metallicas* erste Nummer eins Single in Deutschland, las ich später. Was für ein i-Tüpfelchen!

SONNTAG, 15.08.2021

»Einmonatiges«. Kennt ihr das noch, aus euren ersten Beziehungen als Teenager? Man feierte »einwöchiges«, »einmonatiges« et cetera, et cetera, und zwar für quasi alles. Unbeschwerte Jugend. Heute bin ich schon froh, dass ich zu den Männern gehöre, die ihren Hochzeitstag nicht vergessen. Bisher jedenfalls.

Wie dem auch sei, heute ist es genau einen Monat her. Einen Monat seit dieser Nacht und dem Morgen, der alles verändert hat. Zeit, die verflogen scheint. Doch dann denkt man darüber nach, was in dieser Zeit alles passiert ist, was man geschafft, welche Kämpfe man ausgefochten hat, wie viel Kraft man investieren musste, wie man gelitten hat, einem jedes Glied weh tat, und wie man manchmal dachte, es sei unmöglich, auch nur aufzustehen. Dann aber: all die schönen Dinge, die zahlreichen Begegnungen, Gespräche, Gesten, das Miteinander, Füreinander, die Menschlichkeit, Herzlichkeit, Offenheit, die großen und die kleinen Wunder überall in diesem Tal.

Eine Million Eindrücke, verpackt in einem einzigen, kurzen Monat. Und klar, ich bin mir sicher, dass dieser Monat mich zwei Jahre Lebenszeit kosten wird. Aber, ganz ehrlich: Er hatte auch mehr Lebenszeit in sich als einige Jahre, die ich erlebt habe.

Ihr seht, ich bin gut drauf heute.

Das liegt daran, dass wir, soweit man das sagen kann, fertig sind. Natürlich bleiben Arbeiten am Haus zu tun, und der Wiederaufbau hat längst nicht angefangen. Aber ich bin so weit, dass ich beruhigt den Hammer fallen lassen und sagen kann, dass jetzt die Profis ranmüssen. Ab morgen gehe ich wieder arbeiten, bin sehr gespannt, wie das wird. Aber ich bin sicher, ich kann *jetzt wieder arbeiten.*

Was gab's die letzten Tage?

Am Donnerstag ging es, wie schon angedeutet, straff weiter mit dem Estrich. Meine mormonischen Freunde aus aller Herren Länder kamen pünktlich um 10 Uhr, gemeinsam mit Timothy und mir stemmten sie, füllten Eimer, schleppten und schufteten, es war die reine Pracht. Am Nachmittag war das Wohnzimmer durch und ich komplett alle. Eigentlich wollte ich gar nicht arbeiten, sondern schreiben, Termindruck und so. Aber würdet ihr andere Menschen in eurem Haus schuften lassen und währenddessen entspannt Bücher schreiben? Eben! Ich bildete also den Schluss der Kette und habe sechs Stunden nichts getan als mit Bauschutt gefüllte Eimer in einen Container zu kippen. Fitness-Studios werden überbewertet! Nachdem unsere Helfertruppe weg war, ließ ich Timothy gegen 17 Uhr allein und dachte, das bisschen Aufräumen kriegt er locker solo hin. Nachts um 3 Uhr etwa schickt er mir Fotos der ratzeputz sauber gespülten, abgepumpten und desinfizierten Bereiche mit einem fröhlichen »Nacht«. Irre, der Typ.

Im Laufe des Tags kam die Post an, die sich über Wochen aufgestaut hatte. Unter anderem insgesamt sechs EC- oder Kreditkarten, die die Onlinebank schön für die Katz verschickt hat. Amateure, ehrlich.

Abends im Weingut, als ich mich seelisch darauf vorbereitete, am kommenden Morgen Stunden in der Kreisver-

waltung zu verbringen, um die beiden Autos ab- und den Polo, den ich gekauft habe, anzumelden, fiel mir ein: Mist, noch keine eVB-Nummer! Klar war: Auf keinen Fall wieder die alte Versicherung. Aber es war Donnerstagabend, irgendwas um 20 Uhr rum, wen sollte ich jetzt anrufen? Mein Debeka-Mann fiel mir ein. Angerufen. Fünf Minuten später habe ich die eVB-Nummer. Blanko! Mit schönen Grüßen aus dem Urlaub, Ihr Sebastian W. Läuft! So muss Versicherung, ihr Pappkameraden!

Freitag, nach dem sehr frühen Lüften am Haus, Ankunft in der Kreisverwaltung. 7.30 Uhr, genial, dachte ich, vor 8 Uhr machen die eh nicht auf, da stehe ich weit vorn. Hmm, denkste. Nummer 71 hab ich gekriegt. Immerhin waren sie schon bei 45. Exakt 90 Minuten später stehe ich vor der auch hier wirklich wieder netten, geduldigen und kompetenten Mitarbeiterin der Kfz-Verwaltung (die arbeiten alle auf Anschlag, sollte man nie vergessen, man schimpft leicht!). Nach ziemlich genau zwei Stunden war alles erledigt. Das hätte schlimmer kommen können. Ich kannte Arztpraxen, da ging es mit Termin auch nicht schneller.

Danach habe ich den ganzen Tag lang geschrieben. 73 Seiten hab' ich beisammen, auf über 100 will ich auf jeden Fall kommen. Auch das ist nicht unanstrengend, aber es hat mir einen Tag Verschnaufen ermöglicht.

Samstag ging es nämlich weiter. Jörg, Jonas und Phil kamen um 10 Uhr, auch meine mormonischen Helfer waren zu siebt am Start, der Plan war, alles bis aufs Gästebad noch hinzukriegen. Also ab in die Küche, los ging's. Um es kurz zu machen: Um 16 Uhr hatten wir alles leer. Küche, Vorratsraum und Gästebad. Ich konnte das nicht fassen und kann es auch jetzt noch nicht. Aber das Haus ist leer, es hilft alles nix.

Perfekt machte den Arbeitstag Petra, eine Freundin meiner Frau, die mit ihrem Mann Wilfried gleich an einem der ersten Tage nach der Flut gekommen war, um einen Bautrockner zu bringen. Den wollten sie jetzt wieder abholen. Brachten aber bei der Gelegenheit einen Grill, vier Kisten Bier und 60 Würstchen mit. Was man so braucht, wenn man mittags vor Freude weinen will. Ganz großes Tennis, ihr beiden!

Das Bier haben die Mormonen zwar verschmäht (kann ja keiner ahnen), bei den Würstchen waren sie aber voll dabei. Ein schönes Foto durfte ich auch machen, namentliche Erwähnung und Foto ausdrücklich freigegeben. Jakob, Ariana, Yannick, Simon, Emily, Adam und Dutch (saucooler Name!), ich danke euch!

Der Müll, den wir produziert haben, schrie zum Himmel. Noch mal mehr als 50 Säcke, nur Styropor und Noppenfolie für die Fußbodenheizung. Der zweite Container, den ich habe, dreiviertelvoll mit Bauschutt. Einfach Wahnsinn! Die Säcke sammelten zwei Männer ein, die morgens um 4 Uhr aus Mainz losgefahren waren, um mit dem Traktor und großem Hänger an der Ahr Müll zu entsorgen. Wohlgemerkt, nach einem (!) Monat (!!) und deutlich mehr als einem Interview von allen und jedem bis hin zur Ministerpräsidentin, in denen man nicht müde wurde zu betonen, dass die staatlichen Strukturen längst super greifen.

Tun! Sie! Nicht!

Von der irrsinnigen Menge Müll, die mich echt fertig macht, abgesehen, war und blieb es aber ein Spitzentag. Die GSR rief mich an! Eine sehr nette, unglaublich um mich bemühte Frau, die mit mir schnellstmöglich einen Termin vereinbaren wollte, damit wir vorankommen. Den Titel »GSR« (denkt dran, englisch aussprechen!) kannte sie noch nicht, hat ihn aber gefeiert. Guter Einstand, dachte ich mir. Dienstag treffen wir uns am Haus, und ihr alle drückt mal fest die Daumen, dass sie genauso nett und lösungsorientiert ist, wie es sich gestern anhörte.

Im Weingut angekommen, stellte ich fest, dass die – diesmal im dritten Anlauf ins Weingut geschickten – Kreditkarten da waren. Auch das Thema ist also durch, ich fühle mich wieder wie ein Mensch.

Pünktlich um 18 Uhr war ich dann bei Ulf in Koblenz, um, das hatte ich mir gewünscht, einen Abend beim Spanier zu verbringen. Ein ganz normaler Abend quasi – wenn man die Gesprächsthemen mal ausklammert. Aber mehr normal geht eben nicht, und das bisschen hat schon wahn-

sinnig geholfen. Wenn man die Familie nicht um sich hat,
ist Freundschaft mehr als sonst unersetzlich.

Mit einem alten Weber-Gasgrill, tollen Sachen für die
Kinder und einem neuen Brotmesser, das Ulf aus Frank-
reich mitgebracht hat, ausgestattet, fuhr ich heute Morgen
ins Ahrtal zurück, lüftete das Haus und auch das von Jan,
der übers Wochenende mit Family zu den Schwiegereltern
gefahren ist (und der, nicht zu vergessen, zuvor unser Haus
gelüftet hatte, als ich weg war), und seither sitze ich wie-
der am Rechner und schreibe.

Morgen geht das »normale« Leben weiter, ich werde
arbeiten, das Fortkommen am Haus koordinieren, mich, so
gut es geht, um alles kümmern, was zu tun bleibt, aber es
ist, wie ich finde, ein guter Tag, um einen Cut zu machen.
Es muss weitergehen, und jetzt kann es auch weitergehen.

Ein Monat ist vergangen, und, da spreche ich ausschließ-
lich für meine Familie und mich, das Schlimmste ist vor-
bei. Es wird vieles zu tun bleiben, es wird, im Optimal-
fall, ein halbes Jahr dauern, bis wir wieder einziehen, und
länger, bis das Haus ganz geheilt ist. Narben werden blei-
ben, am Haus, um das Haus herum, im Tal. Aber auch
an und in uns.

Was die kommenden Monate für das Ahrtal bringen
werden? Ich weiß es nicht. Viele, auch sehr harte, Entschei-
dungen sind zu fällen, es bräuchte dafür Entscheidungs-
träger, die mehr können als lächeln, Hände schütteln und
krankmelden, wenn der Wind steif weht.

Die Menschen müssen motiviert werden, unterstützt, das
»Wir machen weiter«, vereinzelt zu lesen, muss nicht nur
ein Schlagwort werden, sondern ein Schlachtruf! Ein Sig-
nal, das wir aussenden und hinter dem sich auch alle ver-

sammeln müssen, die mehr Macht haben als der Einzelne. Gehen wir es an, Freunde.

Es lohnt sich!

Hier endet es jetzt, mein ganz privates »Protokoll einer Katastrophe«.

Ich danke allen, die mich gelesen, die reagiert und mich damit motiviert haben. Die mir gute Wünsche geschickt, Hilfe angeboten und damit auch hier dazu beigetragen haben, dass ich in den letzten Wochen nicht durchgedreht bin. Ich kann nicht sagen, dass es mir »Spaß gemacht« hat. Aber es war mir eine Freude!

EPILOG

Es ist September.

Das Buch ist fertig, und ich hoffe, es gefällt Ihnen. Viele Erinnerungen kommen hoch, während ich es ein letztes Mal lese, bevor ich auf den Knopf drücke und es dem Verlag zusende. Wie es menschliche Natur ist, sind es meist schöne Erinnerungen, die haften bleiben. Diese Nacht, die Angst, die folgenden wochenlangen Strapazen geraten mehr und mehr in Vergessenheit. Was bleibt, ist die Hoffnung, dass es weiter gut vorangeht und wir, sobald es geht, unser Zuhause wiederhaben. Und die Kraft, dafür zu arbeiten.

Meiner Familie und mir geht es so gut, wie es einem gehen kann in der jetzigen Lage. Klar ist aber auch, dass all das nicht spurlos an uns vorübergehen wird, am Ende auch an den Kindern nicht. Und doch bin ich dankbar. Denn so viel Schlimmeres ist geschehen in diesem Tal, so viele furchtbare Schicksale gibt es um uns herum, dass mir bewusst ist, dass die Geschichte, die Sie hier lesen, nicht die Schattenseite der Flutkatastrophe im Ahrtal aufzeigt. Wenn sie Sie dennoch berührt, freut es mich sehr. Dann denken Sie an uns, und vergessen Sie das Tal nicht. Es wird Sie brauchen, nicht nur jetzt, sondern über Jahre hinaus.

Unser Haus trocknet weiter vor sich hin. Wenn alles optimal läuft, glaube ich, dass wir Ende Oktober damit fertig sind und die Aufbauarbeiten beginnen können. Irgendwann Anfang nächsten Jahres ziehen wir dann wieder ein, im Februar vielleicht schon, wer weiß.

Die »GSR« von unserer Versicherung war übrigens super. Das Gespräch mit ihr hat mich so stark vorangebracht, es war wie ein echter Befreiungsschlag. Man fragt sich unwillkürlich, wieso das nicht gleich so geht. Andererseits hätte ich bei allem Ärger dann auch weniger zu lachen gehabt.

Das Geld für unsere Autos ist da, und es hat knapp für die beiden »neuen« gereicht. Die Gutachten bewerten den jüngsten Preisanstieg bei Gebrauchten offenbar mit ein, das war ein klares Plus für uns.

Es bleibt für uns also »nur« der Hausratschaden. Ob wir da noch ein Angebot bekommen, bleibt abzuwarten.

Der Landrat des Kreises Ahrweiler ist bis heute nicht zurückgetreten. Aber das Amt hat er ruhen lassen, krankheitsbedingt, seit dem 17. August. Das kann man machen. Ist auch schlau, schon wegen der Pensionsansprüche. Man sollte dann nur nicht zuhören, wie die Leute darüber urteilen. Mein eigener Glaube an politische Mandatsträger in diesem Land ist jedenfalls endgültig zerstört – und ich bin die fleischgewordene Verfassungstreue. Ich frage mich, was das mit anderen Leuten macht, denen weniger an diesem Land und seiner Verfassung liegt. Andererseits möchte ich es gar nicht zu genau wissen.

Ich habe festgestellt, dass Arbeiten genauso ist wie Fahrradfahren, man verlernt es einfach nicht. Ich hatte einigen Respekt davor festzustellen, ob ich wieder konzentriert genug wäre, ob alles so sein könnte wie vor der Flut, oder ob man mich nach zwei Tagen zur Seite ziehen und sagen würde: »Du, mach doch lieber noch mal Urlaub, du bist noch nicht so weit.« Meine Leute hatten mich schon beim »Hallo«, auch dank des »Willkommen zurück«-Kuchens, der an meinem ersten Morgen auf dem Schreibtisch stand. Bei dieser Gelegenheit wurde mir klar, ich bin definitiv näher am Wasser gebaut als »vorher«. Ist aber auch kein Fehler, finde ich. Tränen sind ja nicht immer schlecht.

Die Menschen im Tal scheinen – jedenfalls nehme ich das so wahr – bei aller Kraftlosigkeit, der noch immer anhaltenden Wut und der Angst davor, weiter in Vergessenheit zu geraten, zu großen Teilen gewillt zu sein weiterzumachen, alles wieder aufzubauen und das sprichwörtliche Tal der Tränen zu einem bösen Stück Geschichte zu machen, das wir uns erzählen, wenn unsere Kinder eines Tages zu Besuch kommen und zu später Stunde »Wisst ihr noch …«-Gespräche geführt werden.

Doch es braucht mehr als die einzelnen Menschen und Familien, damit das Tal eine ebenso glänzende Zukunft hat, wie seine Vergangenheit es rechtfertigt. Es bedarf einer Menge zeitnaher, kluger und notfalls auch unbequemer Entscheidungen. Die wiederum von Entscheidern gefällt und umgesetzt werden müssten, die ihre Orte, ihre Städte oder ihren Kreis hinter sich wissen. Womit das Problem manchmal schon anfängt. Es wird interessant sein zu verfolgen, welche Ergebnisse Formate wie »Zukunftskonferenzen« am Ende liefern, und was von diesen Ergebnissen übrig bleibt. Ich habe berechtigte Zweifel, nicht erst, seit sehr frühzeitig Gedankenspiele zu einer »der Situation angepassten« Landesgartenschau 2023 auftauchten. Die Idee ist derart Banane, da könnte man die Leute auch einfach in eine Reihe stellen und ihnen nacheinander in den Hintern treten, um ihnen klar zu machen, was man von ihnen hält.

Die drei politischen Prioritäten müssten lauten: Wiederherstellung der Infrastruktur, Wiederherstellung der Infrastruktur und Wiederherstellung der Infrastruktur. Und dann, wenn das erledigt ist (was beim Thema Gas vor 2022 schon mal nicht der Fall sein wird), folgen die weiteren Wiederaufbaupläne, die parallel und mit Hochdruck zu erarbeiten sind. Pläne, die nicht in Monaten, sondern nur in Jahren umzusetzen sind, das weiß jeder, der hier lebt und klaren Verstandes ist. Pläne, die unglaubliche Chancen bieten können, um das Tal sicherer, nachhaltiger, moderner zu machen (bezahlbarer und familienfreundlicher wäre mein ganz persönlicher Traum).

Aber jetzt, aktuell, inmitten von Ruinen (nein, das Bild ist nicht überzeichnet!) über eine Landesgartenschau in zwei Jahren zu schwadronieren, das ist exakt die Art »Elfenbeinturm«, die die Menschen scharenweise von der Politik wegtreibt. Und mich zweifeln lässt, dass wir Großes zu erwarten haben. Aber wer weiß, ich habe mich zuletzt ja öfter mal geirrt.

Die mediale Berichterstattung wurde, den Gesetzen der modernen, digitalen Medienwelt zufolge, weitgehend zurückgefahren. Hier und da ein Bericht im *Dritten*, das eine oder andere ambitionierte Langzeitprojekt, eine Online-Schlagzeile ab und an, aber sind wir ehrlich: Selbst ohne Afghanistan wäre es eine Frage der Zeit gewesen, bis wir unter »ferner liefen« auftauchen. Es ist ja auch alles gesagt, alles geschrieben, alle Storys gebracht, jedenfalls die, die man bekommen konnte. Ich verstehe das, und ich werfe den Medien ihre Mechanismen auch nicht vor. Die Bundestagswahl steht an, und wer außer dem Mann, dessen Buch Sie gerade lesen, wäre so naiv zu glauben, dass die Katastrophe des Jahrhunderts und die Fragen, die wir uns im Ergebnis stellen müssen, dabei die tragende Rolle spielen würden? Denken Sie daran, »weil jetzt so ein Tag ist, ändert man nicht die Politik«. Alles gesagt.

Umso wichtiger ist es für das Tal, dass einige Macher es noch immer schaffen, die Not, die nach wie vor herrscht, und den Bedarf an Hilfe publik zu machen, mit Aktionen, die an Genialität nicht zu überbieten sind, wie etwa Helfershuttle-Spots in Bundesligastadien. Es ist schön, dass es diese Menschen gibt. Dass sie die Seele dessen, was hier zerstört wurde, um jeden Preis bewahren und ihre Heimat wiederaufgebaut sehen wollen, gestützt von dem Geist, der uns alle hier beflügelt:

Zusammenhalt.

DANKSAGUNG

Es gibt so viele Menschen, denen ich an dieser Stelle danken müsste. Jeder von ihnen hätte den Dank tausendmal verdient. Familie, Freunde, Bekannte, Kollegen, Nachbarn, selbst Fremde; all diese Menschen haben es geschafft, die letzten Wochen erträglich zu machen, jedes noch so kleine Licht heller scheinen zu lassen und im Ergebnis dafür zu sorgen, dass mir die Kraft und der Glaube an eine Zukunft, in der alles wieder gut sein wird, niemals ganz ausgingen. Dafür bin ich aus tiefstem Herzen dankbar. Doch sie alle werden mir hoffentlich verzeihen, wenn ich an dieser Stelle nur einem einzigen Menschen danke, ohne den es nicht ging, nicht geht und niemals gehen wird: meiner unglaublichen, wunderbaren und einzigartigen Frau!

Nichts von all dem, was ich getan habe, hätte ich geschafft, wenn ich nicht vom ersten Tag an gewusst hätte, du bist da und unsere Kinder sind sicher, behütet und glücklich, auch wenn ihr nicht bei mir wart. Ich weiß, du hättest nur zu gern all das auf dich genommen, was meine Aufgabe war. Und ich weiß, du hättest es gekonnt, vom Schlamm über die Bohrhämmer bis zum Reifenflicken. Und vieles besser als ich.

Aber ich hätte doch niemals so gut geschafft, was *du* getan hast! Also danke, dass du mir den leichteren Part gelassen hast.

Wie hat es jemand so schön ausgedrückt? Das Zuhause unserer Kinder, das sind wir, nicht das Haus. Wie wahr das ist! Wäre auch alles verloren gegangen, würde mir nichts im Leben bleiben als du und unsere beiden kleinen Wunder: Ich wäre noch immer ein glücklicher Mann. Ich liebe dich!

Weitere Krimis aus der Region

Karin Joachim:

1. Fall: Krähenzeit
ISBN 978-3-8392-1938-6

2. Fall: Bittertrauben
ISBN 978-3-8392-2194-5

3. Fall: Johannisglut
ISBN 978-3-8392-2389-5

4. Fall: Juwelennächte
ISBN 978-3-8392-0036-0

Andy Neumann:

Zehn
ISBN 978-3-8392-2645-2